아파, 그래도 괜찮은 삶이야

아파, 그래도 괜찮은 삶이야

초판 1쇄 인쇄일 2018년 05월 22일
초판 1쇄 발행일 2018년 05월 29일

지은이 이윤배
펴낸이 양옥매
디자인 신나래 표지혜
교 정 조준경

펴낸곳 도서출판 책과나무
출판등록 제2012-000376
주소 서울시 마포구 방울내로 79 이노빌딩 302호
대표전화 02.372.1537 팩스 02.372.1538
이메일 booknamu2007@naver.com
홈페이지 www.booknamu.com
ISBN 979-11-5776-563-8 (03810)

이 도서의 국립중앙도서관 출판시도서목록(CIP)은 서지정보유통지원 시스템
홈페이지(http://seoji.nl.go.kr)와 국가자료공동목록시스템
(http://www.nl.go.kr/kolisnet)에서 이용하실 수 있습니다.
(CIP제어번호 : CIP2018015385)

이윤배 교수의 진솔한 삶의 에세이

아파,
그래도
괜찮은
삶이야

글 · 이윤배

책과나무

1부

사랑방 이야기

2부

다락방 이야기

—

책을 내며

   2012년 6월, 『흑룡, 말(言)을 타고 하늘을 날다』 회갑 기념 칼럼집을 내면서, 서문에 정년 무렵이 되면 평범한 사람들의 가슴 속에 오래 남을 수 있는 마음 따뜻한 책을 내고 싶다고 쓴 적이 있습니다.

   그런데 세월은 화살처럼 빠르게 흐른다고 하더니, 기어이 그 시기가 오고야 말았습니다. 가는 세월 막을 수도, 잡을 수도 없는 까닭에 인생 후반기가 얼마나 남았는지 알 수 없습니다. 때문에 무심히 지나가 버린 지난 세월이 조금은 짠하고 아쉽기만 합니다. 그래도 아직은 건재하고, '막글'이라도 쓸 수 있어 감사한 마음입니다.

   그리고 그동안 써 모은 미숙한 글들을 엮어 이처럼 에세이집을 내게 돼, 한편으로는 기쁘고, 다른 한편으로는 가슴 따뜻한 이야기보다는 여전히 비판적이고 딱딱한 글 모음이 아닐까 싶어 두려움도 큽니다.

책 구성을 보면, '1부 사랑방 이야기'에서는 그동안 주로 신문이나 잡지 등에 기고했던 사회적 이슈를 다룬 칼럼들을, 이해하기 쉽게 풀어, 에세이 형식으로 다시 엮었습니다.

'2부 다락방 이야기'에서는 필자 자신은 물론 평범한 이웃들이 살면서 흔히 겪을 수 있는 사소한 사건들을 주제로 쓴 글들을 모아 엮었습니다.

그런데 글 속에 담긴 필자의 주장이, 의견이, 판단이 다 옳고, 정의롭다고 단정적으로 말할 수는 없습니다. 왜냐하면 사람들의 생김새가 모두 같지 않듯, 같은 사물, 같은 주제를 놓고도 관심과 보는 시각에 따라서 생각이, 사상이 서로 다를 수 있기 때문입니다.

그러나 필자 자신, 올곧은 글을 통해 무언가 정의로운 흔적을 남기고자 늘 노력해 온, 조금은 괜찮은 사람이었다고 누군가의 마음속에 기억되고 싶습니다.

끝으로 37년간의 영광스런 교직 생활을 무탈하게 마감하면서 그동안 필자가 늘 정의로운 길을 가도록 이끌어 주시고 격려해 주신 모든 지인 분들께 고개 숙여 감사의 마음을 전하며, 에세이집 출판의 기쁨도 함께 나누고 싶습니다.

아울러 아름다운 에세이집 출판을 위해 물심양면으로 도움을 주신 '책과나무'의 사장님과 직원 여러분께도 심심한 감사의 말씀을 전합니다.

감사합니다!

2018년 5월 어느 화창한 봄날에

광주 무등산 자락의 연구실에서

이 윤 배 씀

1부

사랑방 이야기

만남, 그리고 이별

만나면 반드시 헤어져야 하는 것이 인생이 정한 운명이다.

〈석가모니〉

사람은 태어나서부터 만남과 이별을 수없이 반복하면서 한평생 살아갑니다. 세상에 태어나 부모님과 만남이 첫 번째이고, 다음이 형제자매, 그리고 사회에서 만나는 이런저런 인연들입니다. 그리고 만남이 있으면 이별 또한, 있기 마련입니다.

그런데 사자성어 '회자정리(會者定離)'는 **"만난 사람은 반드시 헤어진다."**란 뜻으로, 만나면 헤어지는 것은 거스를 수 없는 자연의 이치이자 순리라는 또 다른 의미를 담고 있습니다. 어찌 보면 참으로 냉정해 보이지만, 그러나 지극히 현실적인 말이기도 합니다.

회자정리의 유래를 보면 부처님이 배사리성의 큰 숲에서 열반(죽음)을 예고하자, 제자인 아난존자가 매우 슬퍼하였습니다.

그때 부처님께서 아난존자에게 다음과 같이 말씀하셨습니다.

"인연으로 이루어진 이 세상 모든 것들이 빠짐없이 덧없음(無常)으로 귀착되나니, 은혜와 애정으로 모인 것일지라도 언젠가는 반드시 이별하기 마련이다. 또한 이 세상 모든 것들이 으레 그런 것이거늘, 아난은 어찌 근심하고 슬퍼하느냐?"

그러자 아난존자는 계속해서 눈물을 흘리면서 대답했습니다.

"하늘에서나 인간 세상에서 가장 높으시고 거룩하신 스승님께서 머잖아 열반에 드시는데, 어찌 제가 근심하고 슬퍼하지 않겠습니까? 세상은 눈을 잃게 되고, 중생들은 자비로운 어버이를 잃나이다."

부처님께서는 다시 말씀하셨습니다.

"아난아, 근심하거나 슬퍼 말거라. 비록 내가 세상에 한 겁 동안 머문다고 하더라도 결국은 없어지리니, 인연으로 된 모든 것들의 본바탕은 '회자정리'이니라."

부처님이 말씀하신 '회자정리'처럼 세상에 태어난 사람들은 때가 되면 반드시 헤어져야 합니다. 물론 다시 만날 수 있는 인연이라면 더 없이 기쁘겠지만, 어느 날 사랑하는 사람을 떠나보내야 할 때나, 손때 묻은 물건을 버릴 때 등, 이별을 할 때는 더 진한 아쉬움과 미련이 남기 마련입니다.

바위가 부서져 돌이 되고, 다시 모래가 되고 흙이 되어 형체를 전혀 알아볼 수 없게 변하듯, 이 세상에 존재하는 모든 것들은 사멸이든, 마멸이든 결국 빈(空) 것이 되고 맙니다. 그렇다고 마냥 슬퍼하거나, 비관할 일만은 아닙니다. 인간을 비롯한 삼라만상의 모든 것들은 유한자로서, 결국 죽는다는 사실을 모두 다 잘 알고 있는 까닭입니다.

그런데 '거자필반(去者必反)'이란 말도 있습니다. 즉 **"떠난 자는 반드시 돌아온다."**는 뜻으로, 이는 곧 재회(再會)를 전제로 하고 있습니다. 세월의 흐름에 따라 잘게 부서졌던 흙은 다시 굳어져 돌이 되고, 또 다시 단단한 바위로 변하는 이치와 같습니다.

인간인 우리 역시 자연의 순리에 따라 어느 날 결국 죽고 말겠지만, 우리와 DNA가 똑같은 분신인 2세가 이 세상에 남아 우리를 대신할 것입니다. 따라서 삼라만상의 모든 것들은 영원히 사멸하거나 마멸되는 것이 아니라, 이처럼 보이지 않는 끈으로 면면히 이어지고 있는 것입니다.

자연도 예외가 아닙니다. 사람들은 가을에 떨어지는 낙엽을 보면서 감상에 젖기도 하고, 인생무상을 온몸으로 느끼기도 합니다. 그렇다고 조락의 계절이 마냥 슬픈 것은 아닙니다. 낙엽은 떨어지면서 풍성한 열매를 남깁니다. 또 낙엽은 나무들의 거름이 되어 이듬해 봄에 더 파랗고 더 싱싱한 새잎들을 탄생시켜 보여 줍니다. 이처럼 자연은 '회자정리'의 슬픔을, '거자필반'의 기쁨으로 보상해 주는 것입니다.

이 같은 자연의 이치를 아는 지혜롭고 현명한 사람이라면, 살면서 절대로 원수나 적을 만들지 않습니다. 왜냐하면 지금 있는 이 사람과 다시 안 볼 것 같아도 만날 인연이라면, 언제 어떤 식으로든 다시 만날 수밖에 없기 때문입니다.

따라서 우리는 만날 때 미리 헤어질 것을 염려하는 것과 같이, 이별할 때도 반드시 다시 만날 것을 믿어야 합니다. 그리고 주변의 모든 이들에게 따뜻한 사랑을 베풀고, 또 그들을 기억해 주는, 그런 유의미한 하루하루를 살아야 합니다.

정의가 죽어 가는 사회

인간은 불공정해도 신은 공정하다. 결국 정의가 승리한다.
〈헨리 워즈워스 롱펠로우〉

'정의(正義)'에 대한 사전적 의미는 "사회나 공동체를 위한 옳고 바른 도리"입니다. 이 같은 정의도 힘이 뒷받침돼야만 실현될 수 있습니다. 힘이 받쳐 주지 않는 정의는 한낱 공허한 메아리에 불과한 세상이 된 지 이미 오래입니다.

우리는 지금, 정의가 무엇이고, 불의(不義)가 무엇인지, 헷갈리는 혼돈의 시대에 살고 있습니다. 정의로 생각했던 일들이 하루아침에 불의로 오도(誤導)되기도 하고, 불의가 어느 날 갑자기 정의의 가면을 쓴 채, 버젓이 주인 행세를 하기도 하니 말입니다. 그래서 혹자는 "정의는 죽었다"고 외치고 있는지도 모릅니다.

이런 까닭에 사람들은 너나 할 것 없이 정의의 탈을 쓰고 권력 주변을 기웃거리기도 하고, 권력 대신 돈을 탐하기도 합니다. 돈이라도 있어야 남 앞에서 행세할 수 있고, 권력도 살 수 있다는 어리석은 생각 때문입니다.

그런데 대한민국 역사상 초유의 대통령 탄핵으로 인해 새 정부가 들어섰습니다. 기회다 싶은 정치인들은 여야를 불문하고 저마다 개혁과 변화를 외치고 있습니다. 그러나 그들만의 사리사욕을 채우고 특권을 지키기 위한 위장 전술일 뿐, 어느 공무원의 솔직한(?) 고백처럼 국민들은 여전히 개, 돼지 취급을 받고 있습니다.

그리고 과거 정권에서의 국정원의 정치 개입과 끝없는 월권 행위와 국민의 세금을 사금고화 한 부정행위는 그 도가 상상을 초월해 국민들로 하여금 할 말을 잃게 만들었습니다.

박근혜 전 대통령마저도 자신을 핍박받고 있는 '민주 투사', '정의의 천사' 쯤으로 착각하고 있습니다. 때문에 자신의 잘잘못에 대한 반성은커녕, 재판마저 거부한 채, 정치 보복 운운하며 결백만을 주장하고 있습니다. "진실은 반드시 밝혀진다."라는 궤변과 함께……. 그렇다고 이제 와서 모든 것을 원점으로 되돌릴 수도 없는 일입니다. 촛불 집회를 통해 탄핵이란 국민들의 준엄한 심판이 이미 끝났기 때문입니다.

제1 야당인 자유 한국당 또한 대통령 탄핵은 물론 집권 시절, 국정원이 저지른 잘못에 대해 국민 앞에 석고대죄는커녕, 적폐 청산을 신(新)적폐, 정치 보복으로 끊임없이 몰아가고 있습니다.

여기에 색깔론까지 덧칠하면서……

그것도 부족해 여당 시절, 자신들이 저지른 수없이 많은 잘못들은 벌써 망각한 채, 반대를 위한 반대, 비난을 위한 비난의 말들을 무차별적으로 쏟아 내며, 여론마저 호도하고 있습니다. 이는 "내가 하면 로맨스요, 남이 하면 불륜"이라는, 바로 '내로남불'입니다.

제1 야당의 대통령 후보로까지 나섰던 홍준표 당 대표는 스스로 고백한 돼지 발정제로 인해 한때 논란의 중심에 섰습니다. 그리고 4.27 남북 회담과 판문점 선언을 국민 10명 중 8명 이상이 지지하고 있고, 미·중·일·러를 비롯한 해외 우방 모두 쌍수를 들어 환영하고 있음에도 불구하고, 안하무인, 독불장군처럼 이를 '위장 평화 쇼'로 폄하하면서 온갖 막말과 궤변을 쏟아 내, 국민들을 아연실색케 했습니다.

그뿐만이 아닙니다. 박근혜 전 대통령 탄핵에 적극 동참하고 앞장섰던 사람들은 당을 떠났다가 아무 일 없었다는 듯, 다시 원대 복귀해 '원내 대표와 수석 대변인' 자리를 꿰찼습니다. 달면 삼키고 쓰면 뱉는, 의리도 없고 신의도 없는 모리배들입니다.

김성태 원내 대표는 일반 국민들로서는 불가능한, 신분증 없이 국내선 항공기에 당당히 탑승하는 등, 국회의원으로서의 특권을 마음껏 누리고 있습니다. 그리고 식물 국회를 만들며, 명분 없는(?) 단식 농성을 하다 지지자로부터 폭행을 당하는 수모를 겪기도 하였습니다.

장제원 수석 대변인은 '바른 정당' 대변인 시절, 아들의 성매매 의혹이 불거져 사회적으로 물의를 일으키자 대변인 및 SNS 활동 중단을 선언하면서 자숙하고 성찰의 시간을 갖겠다고 했습니다. 그러나 자유 한국당으로 원대 복귀한 후, 스스로 한 약속마저 헌신짝처럼 내팽개친 채, 무뇌(無腦) 수준의 막말을 쏟아냈다가 여론의 뭇매를 맞기도 했습니다.

그럼에도 불구하고 이들은 여전히 국회의원 배지를 단 채, 국민 세금으로 이런 저런 특혜를 누리며, 호의호식하고 있습니다. 이처럼 수신제가(修身齊家)가 안 된 몰염치하고 후안무치한 사람들이 또 있을까 싶습니다. 정치 지도자를 가장한, 사이비 정치꾼들만 가득 넘쳐나고 있는 대한민국 현실이 그저 안타까울 뿐입니다.

정권이 바뀌었지만 희망의 정치는 이미 실종된 지 오래입니다. 국회는 늘 개점휴업 상태로 국회의원들은 무위도식(無爲徒食)하면서 세비만 축내고 있습니다.

그것도 부족해 여야를 불문하고 부정 · 비리에 연루된 의원들을 감싸는 '방탄 국회'도 서슴지 않고 있어, 국회는 대도(大盜)들의 은신처가 되고 있습니다. 그런데 제1 야당의 수뇌부마저 앞장서, 4류 저질 한국 정치의 민낯을 그대로 가감 없이 보여 주면서, 국민들은 분노하다 못해 지금은 거의 자포자기 상태입니다. 오죽하면 제1 야당인 '자유 한국당'이 이 땅에서 사라져야, 비로소 적폐 청산이 완성된다고 말들 하고 있을까요!

그런데 과거 잘못된 것들을 바로 잡지 않고서는 현재도, 미래도 없습니다. 곪고 병든 곳은 하루 빨리 도려내고 치료해야 합니다. 당장 아프고 힘들다고 치료를 멈추거나 대충한다면 다시 곪아, 나중에는 더 큰 고통과 아픔을 감내해야 하기 때문입니다. 이 같은 사실을 빤히 알면서도 지금까지 우리 역사는 늘 이를 애써 모른 채, 방기(放棄)해 왔습니다.

일제 잔재의 어정쩡한 청산이 그렇고, 아직도 진행형인 5.18 민주화 운동 진실 규명 또한 마찬가지입니다. 여전히 미스터리 속에 있는 세월호 7시간 역시 밝혀져야 할 미제 사건으로 남아 있습니다. 그런데 그때그때 문제를 발견하고 신속히 대응했었더라면 죄 없는 국민들이 덜 고통을 받았을 것입니다.

이미 정답은 물론, 무엇이 정의인지도 모두 다 잘 알고 있습니다. 그러나 그 사실들이 누군가에게는 매우 불리하게 작용하기 때문에 끝까지 모르쇠로 일관하면서 억지를 부리고 떼를 쓰고 있는 모습들은 차라리 측은하기까지 합니다.

특히 정의와 불의조차도 구별 못하는 무뇌 집단들이 '의리와 충성'이란 그럴듯한 완장을 차고, 탄핵된 전직 대통령에 대해 무죄 석방 태극기 집회를 하면서, 활개치고 있는 현실은 더 더욱 안타깝기만 합니다.

그런데 아무리 부인하려 해도 부인할 수 없는 것이 있습니다. 누구도 버릴 수 없는 바로 자신의 '양심(良心)'입니다. 누군가를 속이고 기만할 수는 있어도 자신의 양심은 결코 속일 수 없습니다. 상식적이고 정상적인 사람이라면 말입니다.

따라서 이제부터라도 많이 가진 자든, 적게 가진 자든, 권력자든, 비 권력자든 상관없이 자신의 양심에 따라 '정의'를 논해야 순리입니다.

정의가 존중될 때만 제대로 된 사회, 제대로 된 나라가 될 수 있습니다. 그러나 여전히 정의가 호도되고, 지금처럼 불의가 정의의 탈을 쓰고 판을 친다면, 우리에게는 암울한 미래만 있을 뿐, 희망이 없습니다.

'내로남불'이 아니라, '역지사지(易地思之)'의 상호 배려 정신이 절실히 필요한 대한민국의 오늘입니다.

'욜로', 한 번 사는 인생

사람은 자기가 행복하다는 것을 모르기 때문에 불행한 것이다.

〈도스토예프스키〉

세상이 하루가 다르게 변화하고 복잡해지면서, 이에 따른 국적 불명의 신조어들도 하루가 멀다 하고 만들어지고 있습니다. '욜로(YOLO)' 역시 요즘 20, 30대 젊은이들 사이에서 많이 회자되고 있는 신조어로서, "You Only Live Once." 문장의 앞머리 글자를 딴 약어입니다. 흔히 '오늘을 즐기라'고 인용되는 라틴어와 유사한 표현으로, '한 번뿐인 삶을 충분히 즐기며 살라'는 의미를 함축하고 있습니다.

그런데 욜로란 말이 대중화된 것은 2010년대 들어서입니다.

2011년 캐나다의 인기 래퍼 가수 드레이크(Drake)의 곡 '더 모터스(The Mottos)'의,

"인생은 한 번뿐이야, 이게 인생의 진리지, 욜로"

라는 구절에서 시작돼, 전 세계로 퍼져 나갔습니다. 실제로 요

즘 해외의 배낭여행객들이 주로 모이는 게스트하우스에서는 서로 인사를 나눌 때 '헬로(Hello)'나 '굿 럭(Good lucky)' 대신 인사말로 '욜로'를 쓰기도 합니다.

최근 이 용어는 '어차피 한 번뿐인 인생, 후회 없이 즐기며 살자.'라는 의미로 더 널리 통용되고 있습니다. 오늘의 즐거움보다는 미래를 기대하고 미래를 위해 투자하며 살던 기성세대의 사고와는 전혀 다른, 새로운 삶의 방식을 추구하는 것입니다.

특히 아끼고 모아 부자가 되는 시대는 이미 지났으며 지금, 현재 가진 것으로 삶을 풍요롭게 만들겠다는 태도의 변화가 '욜로 라이프'에 반영되고 있다고 할 수 있습니다. 다시 말해서 기성세대들처럼 현재를 희생하면서 불투명한 미래를 위해 아등바등 살기보다는 현재, 지금 상황에서 본인이 즐길 거리를 찾아 최대한 즐기며 살아가겠다는 20, 30대의 새로운 문화이자, 신풍속도인 셈입니다.

욜로의 핵심은 '현재 지향적'으로, 오늘, 지금의 행복을 희생하지 않겠다는 강한 의지의 표현이기도 합니다. 이런 까닭에 외국에서는 욜로족을 방탕한 생활을 하는 사람들로 폄하하기도 하고, 부정적인 시각으로 보는 경향도 있습니다. 그러나 현재, 지금의 삶을 즐기고 만끽하겠다는 그 자체는 결코 나쁜 일도,

비난받을 일도 아닙니다.

 그런데 욜로 라이프의 그 진짜 속내를 찬찬히 들여다보면 조금은 아프고 쓸쓸한 기분을 지울 수가 없습니다. 불안하고 불확실한 삶을 살아가고 있는 요즘 20, 30대 청년들의 현실적 삶이 그대로 투영돼 있기 때문입니다.

 어느 세대보다 더 치열하게, 그리고 더 열심히, 최선을 다해 살아가고 있지만 삶은 점점 더 팍팍해지고, 취업과 결혼마저도 쉽지 않아 미래의 삶을 포기한(?) 슬픈 담론이기도 합니다.

 불황이 길어지면서 이런저런 이유로 한 번뿐인 인생의 가치에 눈을 뜬 사람들이 자기 주도적인 소비를 실천하는 방식으로 욜로 라이프를 선택하고 있습니다. 이 같은 욜로 라이프는 우리 주변에서 다양한 행태로 나타나고 있습니다. 셋집에 살면서도 인테리어에 돈을 펑펑 쓰기도 하고, 2,000원짜리 김밥 한 줄로 점심을 때우면서도, 커피만큼은 로스터리한 원두로 내려 마십니다.

 그뿐만이 아닙니다. 어느 날 갑자기 직장을 그만두고 퇴직금으로 홀쩍 장기 해외여행을 떠나기도 하고, 취미생활을 위해 주택 적금을 깨는 등, 아예 삶의 행태를 바꿔 버리는 젊은이들도 많습니다. 기성세대로서는 도저히 납득할 수 없는 삶을 지향하는 것입니다.

　물론 이런 삶이 얼핏 무모하고 충동적으로 보일 수도 있습니다. 그러나 대부분 그동안 몰랐거나 무관심했던 자신만의 삶을 되찾음으로써, 스스로의 존재를 확인하기 위한 일종의 몸부림이자, 저항이라고 할 수 있습니다.

　그런데 오늘의 중요성을 강조하고, '현재를 살자'는 의미의 말은 꽤 오래 전부터 있어 왔습니다.

　"삶이란 오직 이 순간, 즉, 현재라는 찰나의 시간 속에서만 존재한다. 과거는 이미 지나갔고, 미래는 아직 오지 않았다. 오직 존재하는 것은 현재다. 당신이 진정으로 살 수 있는 시간은 지금뿐이다. 당신이 이 순간을 놓친다면 결국 삶과의 약속을 어기는 것이다." 라고 석가모니는 어리석은 인간들을 먼 옛날부터 가르쳐 왔기 때문입니다.

　"한 번뿐인 인생, 한 번 사는 인생", 후회 없이 살다 아름답게 마감할 수만 있다면 그보다 더 행복한 일도 없을 것입니다. 그런데 인간의 소유란 것도 따지고 보면 살아생전 오직 한 순간뿐입니다.

　특히 인생사 "공수래공수거(空手來空手去)"란 말처럼 움켜쥐고, 남의 것을 빼앗고, 많이 가지려 욕심 부리고 발버둥 치며 살아 봤자, 갈 때는 다 놓고 결국 빈손으로 가야 합니다. 그 손으로 무엇을 했느냐의 흔적만 남긴 채······.

따라서 한평생을 아등바등 욕심 부리며 사는 것은 우매하고 부질없는 일입니다.

'헬 조선'의 불편한 진실

시련을 겪어야 한다면 차라리 극한의 시련을 겪자.

〈사디〉

몇 년 전부터 회자되고 있는 신조어인 헬 조선 (hell 朝鮮)은 '헬(지옥)'과 '조선'의 합성어로서, "대한민국은 지옥에 비견될 정도로 살기 힘든 나라"라는 의미를 함축하고 있습니다.

이 같은 헬 조선은 2004년 즈음, 일본의 2ch' 게시판에 일본 누리꾼들이 한국과 한국인을 비하하고, 역으로 일본을 찬양하기 위해 사용했다는 설이 있습니다. 이 설이 사실이라면, 일본인들은 예나 지금이나 우리 국민에 대한 콤플렉스가 변함없는 것 같습니다.

그런데 21세기에 등장한, 때 아닌 헬 조선 논쟁은 20~30대 청년들의 자조적(自嘲的)인 모습을 풍자한 것이라고 할 수 있습니다. 특히 '금수저, 흙수저' 등 수저 계급론과 맞물려 내 능력이나 노력에 의해서가 아니라, 부모의 경제 수준이 자녀의 미래 삶을 결정짓고, 현실적으로 이것을 뒤집기엔 불가능하다는 우리 사회의 슬픔 담론이기도 합니다.

그럼에도 불구하고 헬 조선이란 용어에 대한 비판적 시각 또한 만만치 않습니다. 이어령 박사는 **"헬 조선을 떠나, 이민 가고 싶다는 나라들도 천국이 아니다. 현재의 취업난 및 양극화는 정보기술의 발전에 따른 결과로 전 세계적인 현상이다. 남 탓만 하면 영원히 지옥이다."**라고 헬 조선 용어 사용 자체를 비판했습니다.

박근혜 전 대통령마저도 헬 조선에 대해 **"지나친 비관과 비난의 늪에서 빠져 나와야 한다."**고 언급한 바 있습니다. 그러나 이는 나무만 보고, 숲은 보지 못한 또 다른 편견은 아닌지 모르겠습니다.

36분마다 한 명씩 목숨을 끊는 자살률 세계 1위, 28분마다 성폭력 1건씩 세계 1위, 낙태율 연 80만 명 세계 1위, 한 해 아동 실종 사건 3만 명 세계 1위, 65세 이상 노인 빈곤율 세계 1위, 해외 고아 수출 한 해 2만 명 세계 1위 등등……. 사람답게 살기 힘든 지옥 같은 헬 조선의 암울한 현실을 역설적으로 보여주고 있는 통계들입니다.

그리고 청년 실업 역시 매우 심각한 상황입니다. 전체 실업자

수는 100만 명을 이미 넘었고, 2011년 7.6%였던 청년 실업률은 매년 증가해 2017년에는 9.3%로 높아졌습니다.

어디 그뿐이겠습니까. 우리나라의 소득과 부의 불평등 정도 또한 OECD 국가 중 최하위권입니다. 조세를 통한 빈곤 감소 효과와 소득 재분배 효과는 OECD 평균의 4분의 1 수준에 불과합니다. 법인세 최고세율 역시 일본이나 미국보다 훨씬 낮고, 소득세와 비과세 혜택 또한 고소득층과 대기업에 집중돼 있어, '부익부 빈익빈' 격차를 더욱 더 심화시키는 비정상적인 구조를 갖고 있습니다.

동국대 김낙년 교수가 2000~2013년 국세청의 상속세 자료를 분석한 '한국 사회의 부의 분포도' 추정 논문이 흥미롭습니다. 논문의 주요 내용을 보면, 2013년 20세 이상 성인을 기준으로, '자산 상위 10%가 우리나라 전체 자산의 66%'를 보유하고 있습니다. 그리고 자산 상위 1%는 전체 자산의 26%를 차지하고 있으며, 상위 1%의 평균 자산은 24억 원으로 조사됐습니다.

반면 하위 50%가 가진 자산 비중은 고작 전체의 2% 정도로, 결국 하위 50%는 2%의 자산을 놓고 서로 잘 살아보겠다고 아옹다옹하고 있는 슬픈 현실입니다.

따라서 이들에게는 희망이 거의 없어 보입니다. 소득 불평등

보다 부의 불평등 속도가 점점 더 빨라지고 있기 때문입니다. 피와 땀의 순수 노동으로 벌어들인 소득보다 이미 가진 부로 벌어들이는 돈이 더 빨리, 더 많이 불어나는, 결국 돈이 돈을 벌어들이는 세상이 된 것입니다.

과거에는 국가고시(사법 · 행정 · 외무) 합격을 통해 국가 심장부로 곧장 뛰어들 수 있는 기회는 물론 어느 정도의 권력, 명예까지 얻을 수 있었습니다. 이런 까닭에 고시는 가난하지만 야망이 큰 젊은이들에게 최고의 신분 상승 사다리 역할을 했습니다. 그래서 "개천에서 용 난다."는 말은 서민들에게 그나마 위안이 됐습니다.

그러나 오늘날 소득과 부의 불평등 심화로 인해 "개천에서 용 난다."는 말은 이미 옛말이 된 지 오래입니다. 가난은 더 큰 가난을 부르고, 희망은 거의 절망으로 바뀌고 말았기 때문입니다.

이 같은 불평등과 양극화를 해소하고 향후 복지 국가로 거듭나기 위해서는 '과세공평성' 강화가 필수입니다. 그리고 소득세, 법인세 인상을 통한 고소득층, 재벌 대기업, 대자산가 등에 대한 과세를 강화하고, 소득 재분배 기능 회복을 위한 특단의 조치가 필요합니다. 지금과 같은 소득과 부의 불평등과 양극화는 결국 불신 사회 조장, 사회 통합 저해, 내수 기반의 위축 등으로 작용해 지속적인 경제 성장을 가로막는 장애물이 될 뿐입니다.

따라서 정부는 전체 실업률은 줄어도 청년 실업은 늘어나는, 우리 사회의 구조적 모순을 먼저 정확히 인식하고, 청년 일자리 창출과 고용 확대를 위한 보다 근본적인 대책을 세워야 합니다. 그것도 일회성이나 미봉책이 아닌, 청년들이 피부로 직접 느끼고 실감할 수 있는…….

청년들이 삶에 대한 불확실성으로 '희망과 꿈'을 상실했을 때, 국가의 미래를 올곧게 이끌어 갈 원동력 역시 기대할 수 없기 때문입니다.

세월호, 그 아픈 날들 기억하며

오늘의 책임은 회피할 수 있지만, 내일의 책임은 회피할 수 없다.

〈톨스토이〉

'엄마, 아빠 잘 다녀올게요.'

손 흔들며 떠나던

네 모습이 아직도 눈에 선하다

누가,

누가 너를

저 차디찬 바다 속에 버렸을까

칠흑같이 어두운 그곳에

언제나 너는 해맑게 웃었지

언제나 너는 엄마, 아빠를 먼저 걱정했지

언제나 너는 엄마, 아빠에게

착한 아들 · 딸이었지

그런 너를
누가,
누가,
저 차디찬 바다 속에 버렸을까
칠흑같이 어두운 그곳에

대한민국 어른들이다
네가 믿고 따른
대한민국의 잘난 그 어른들이다

아들아,
딸아,

미안하다
용서해다오
용서해다오

'엄마, 아빠 잘 다녀올게요.'
손 흔들며 떠나던
네 모습이 아직도 눈에 선하다

보고 싶다
미치도록…

그렇습니다.

2014년 4월16일 발생한 세월호 침몰 참사는 대한민국 기성세
대 즉, 어른들의 책임입니다. 그리고 이미 예고된 인재(人災)였습
니다. 그럼에도 불구하고 침몰 참사에 직접 관계된 회사와 정부
관계자들 중, 그 누구도 참회의 눈물을 흘리며 진정성 있는 속죄
나 사과를 하지 않았습니다.

그들이 한 일이란 아직 피어보지도 못한 채 스러져 간 아들·
딸들의 생명은 안중에도 없이, 구조 작업이 진행되고 있는 동안
에도 온갖 추태를 연출하며, 자신들의 살길 찾는 데만 급급했다
는 사실입니다.

결국 무능·무사·무책임한 정부와 어른들이 302명의 꽃다

운 생명을 수장시킨 꼴이 되고 말았습니다. 이런 까닭에 '세월호 침몰과 함께 세계 12위권의 경제 대국 대한민국도 침몰했다.'는 말들이 회자되었고, 사고 공화국의 오명과 함께, 국제적으로도 망신을 당했습니다.

1993년 292명이 사망한 서해 페리호 침몰 때도 너나 할 것 없이 국가 안전망을 구축해야 한다며 호들갑을 떨고 각종 법과 제도를 고치고 또 만들었습니다. 그리고 20년이 지났지만 그저 공허한 구호에 그쳤을 뿐, 달라진 것은 아무 것도 없었습니다.

구조 과정에서의 난맥상도 여전했습니다. 대한민국의 안전과 국민의 생명을 지켜야 할 대통령마저도 7시간 동안이나 부재했습니다. 결국 초기 대응의 미숙으로 소위 말하는 황금시간 즉, '골든타임'을 놓쳐 불행을 더 키우고 말았습니다.

그런데 우리나라 헌법 제34조 6항에는 다음과 같이 명시돼 있습니다.

"국가는 재해를 예방하고 그 위험으로부터 국민을 보호하기 위해 노력해야 한다."

따라서 대한민국은 이번 기회를 선진국으로 가는 마지막 전화위복(轉禍爲福)의 계기로 삼아 환골탈태(換骨奪胎)해야 합니다. 이를 위해 '개혁이 아니라, 혁명에 버금가는 새로운 변화'를 도

모해야 합니다. 나라를 새롭게 건국하는 심정으로 다시 원점에서 대한민국 시스템 모두를 바꾸어야 합니다.

그런데 사건이 터질 때마다 허둥대며 대책을 위한 화려한 수사들만 난무합니다. 그리고 또 시간이 조금 흐르면 언제 그랬냐는 듯 까맣게 잊어버립니다. 이런 까닭에 먼저 조직적으로 상시 대응할 수 있는 시스템을 만들고, 이와 함께 필요한 것이 바로 인적 쇄신입니다.

세금이나 축내며 무사 안일과 나태에 빠져 있는 공무원들을 과감히 솎아 내고, 적재적소에 일 잘할 수 있는 인재들을 재배치해야 합니다. 공무원들이 제자리에서 제 역할을 열심히 해야만 대한민국의 미래가 있습니다.

그리고 우리 모두는 더 앓고 더 마음 아파해야 합니다. 왜 이런 참극으로 뼈저리고 고통스러워야 하는지를 더 처절하게 반성하고, 원인 역시 더 철저하게 규명해야 합니다. 국가가 국민 한 사람의 안전을 포기한다면, 국민은 더 이상 국가를 신뢰하지 않을뿐더러, 국민의 안전 하나 지키지 못하는 정부는 정부라고 말할 수 없기 때문입니다.

전직 대통령들의 수난 시대

욕심은 수많은 고통을 부르는 나팔이다.

〈팔만대장경〉

1970년 김지하 시인은 「사상계」 5월호에 박정
희 정권 당시 특권층인 '재벌, 국회의원, 고급공무원, 장성,
장·차관' 등을 일제에 나라를 팔아먹은 을사오적에 빗대어 풍
자한 시, '오적(五賊)'을 발표한 바 있습니다. 그는 다시 계간 문
예지 「자음과 모음」, 봄호에 1970년 대 시 '오적'과 함께 그 내용
을 소재로 한 그림 15 컷을 새로 그려 발표했습니다. 그리고 요
즘은 '오적'이 아니라, '오백적', '오천적'이 천지분간 모르고 날
뛰는 시대라고 일갈했습니다.

5년마다 되풀이 되는 전직 대통령과 가족을 포함한 주변 인사
들의 부정 비리가 대한민국을 부패공화국이란 오명과 함께 국
민들을 절망의 늪으로 몰아넣고 있습니다. 국제적으로도 창피
하고 부끄러운 일이 아닐 수 없습니다.

'도덕성과 청렴성'을 화두로 삼았던 참여 정부에서는 대통령의 친형 노건평 씨가 각종 이권에 개입하고 뇌물을 챙기다 결국 처벌됐습니다. 그리고 가족들마저 이런 저런 뇌물 수수에 연루되면서 전직 대통령이 스스로 목숨을 끊는, 비극의 주인공이 되고 말았습니다.

전두환 정권은 더욱 두드러져 본인은 물론 동생 전경환 씨, 처삼촌 이규광 씨, 사돈 이철희·장영자 부부, 그리고 처남 이창석 씨 등이 각종 비리에 연루돼 구속되거나 처벌됐습니다. 노태우 정권에서도 본인과 실세로 군림하던 고종사촌 처남 박철언 씨가 처벌됐습니다.

김영삼 전 대통령 시절에도 '소통령'으로 군림하던 차남 현철 씨가 구속, 처벌됐고, 김대중 전 대통령 역시 재임 기간 중 차남 홍업 씨와 3남 홍걸 씨가 구속되는 등 대통령으로서 수모를 겪었습니다.

박근혜 정부도 예외가 아닙니다. 대통령 본인의 뇌물 수수와 비선 실세 최순실의 국정 농단 등으로, 역사상 초유의 대통령 탄핵과 함께 영어(囹圄)의 몸이 되고 말았습니다. 이명박 전 대통령 또한 임기는 채웠지만, 자신은 물론 가족들이 이런 저런 부정 비리 사건에 연루돼 구속과 함께 처벌이 목전에 있습니다.

전직 대통령들의 부도덕성과 반윤리적인 이 같은 작태를 반영이라도 하듯, 10년 전 한국투명성기구가 실시한 '청소년 반부패 윤리 의식' 조사 결과를 보면 10점 만점에 방글라데시 8.45점, 인도 7.55점, 몽골 6.64점, 한국 6.11점으로, 아시아 4개 국가 중 한국 청소년들의 반부패 윤리 의식이 최악인 것으로 나타났습니다.

　그리고 "만약 경찰이나 지켜보는 사람이 없으면 교통법규를 지키지 않을 수 있다"는 항목에서는 방글라데시 7.2%, 인도 8.8%, 몽골 12.0%인 반면, 한국은 무려 44.1%로 다른 나라 청소년들과 현격한 차이를 보였습니다. "정직하게 사는 것보다 부자가 되는 것이 더 중요하다" 항목에서 "그렇다"라고 응답한 비율은 방글라데시 3.1%, 인도 8.4%, 몽골 9.1%인 데 반해, 한국 청소년은 22.6%로 방글라데시의 7배가 넘었습니다.

　그런데 10년 전이나 지금이나 청소년들의 의식은 별반 달라지지 않았습니다. 흥사단 투명사회운동본부 윤리연구센터가 전국 초·중·고 2만 명을 대상으로 조사한 '2017년 청소년 정직 지수' 조사 결과에 따르면 과반수가 넘는 55%가 "10억이 생긴다면 죄를 짓고 1년 정도 감옥에 가도 괜찮다"라고 응답했습니다. 청소년들의 거울이 되어야 할 대통령을 비롯한 어른들이 제 역할을 다 하지 못한, 지극히 당연한 결과입니다.

부정부패가 끊이지 않고 일어나는 까닭은 부정부패 사범을 너무 쉽게 용서하는 사회적 풍토와 무관치 않습니다. 그리고 당선만 되면 국민들은 안중에도 없고 사리사욕만 채우는 대통령과 가신들, 대통령의 지나친 사면권 남용도 한몫을 하고 있습니다.

정치인들도 예외가 아니며, 국민들의 냄비 근성과 치매성 망각증 또한 부정부패를 알게 모르게 조장해 왔습니다. 법은 있으되 힘을 발휘하지 못하거나, 선별적으로 고위 지도층이나 재벌들은 비껴가고 힘없는 사람들에게만 법대로라면 정부나 사법부가 존재할 이유가 없습니다.

따라서 대한민국이 부정부패 없는 투명한 선진국으로 거듭나기 위해서는 부정부패 사범은 지위고하를 막론하고 일벌백계로 다스려야 하고, 대통령의 사면권도 철저히 제한해야 합니다.

특히 문재인 정부는 과거 정권들을 반면교사로, 본인은 물론 가족, 친인척, 그리고 가신들이 부정 비리에 연루돼 처벌되는 모습을 보여 줘서는 안 됩니다.그 까닭은 5년마다 되풀이 되는 대통령 자신은 물론 주변 인사들이 '쇠고랑 차는 모습'을, 국민들은 더 이상 보고 싶지 않으니 말입니다.

부도덕한 재벌들의 '갑질'

만족할 줄 아는 사람은 부자이고,
탐욕스런 사람은 가난한 사람이다.

〈솔론〉

재벌은 어떻게 오늘날과 같은 큰 기업이 되었을까요? 재벌이 없어지면 우리나라 경제가 정말로 망하게 될까요? 그런데 아이러니하게도 오늘날 재벌들은 개혁의 대상이 돼 있습니다.

세계에서 가장 권위 있는 사전인 옥스퍼드 영어 사전에 '재벌'은 한글 그대로 'chaebol'이란 스펠링으로 등재돼 있습니다. 그리고 재벌을 **"한국 대기업의 한 형태, 특히 가족 소유의 것"**이라고 정의하고 있습니다. 다른 나라에서도 존재하는 재벌을 유독 '한국만의 특수한 경영 형태'라고 정의하고 있는 까닭은, 세계적으로 그 유례를 찾아 볼 수 없는, 한국만의 독특한 가족 경영 기업 구조 때문입니다.

그런데 우리나라의 재벌들은 일제가 남긴 '적산기업'을 이승만 정권과 미군정이 시장 가격보다 훨씬 낮은, 헐값에 불하해 주면서 탄생했습니다. 대표적인 주요 적산 기업을 보면 기린맥주주식회사(현, 두산), 선경직물(현, SK), 조선화학공판주식회사(현, 한화), 대성산업공사(현, 대성), 금성방직(현, 쌍용) 등이 있습니다. 그리고 박정희 독재 정권의 경제 개발 정책과 비호 속에서 비약적으로 성장했습니다.

특히 이들은 정경 유착을 통한 각종 특혜와 독점을 발판으로 오늘날과 같은 기업을 잡아먹는 공룡 기업이 됐습니다. 이처럼 비정상적이고 기형적인 과정을 거쳐 성장해 온 재벌들에게 정상적인 기업 문화나 기업 윤리를 기대한다는 자체가 한마디로 어불성설입니다.

그뿐만이 아닙니다. 한국의 재벌들은 착취와 편법을 통해 돈벌이에만 급급하고 있을 뿐, 사회적 책임과 역할에는 인색하거나 무관심합니다. 이런 이유 때문에 반(反) 사회적 기업 정서가 팽배해 있기도 합니다.

잊을 만하면 터져 나오는 재벌 총수 일가의 일탈 행위와 불투명한 지배 구조, 합법과 불법을 교묘히 가장한 상속 행태가 오늘날 대한민국 재벌들이 공통적으로 갖고 있는 문제들입니다.

그리고 부와 경영권 세습을 동일시하면서 재벌들의 모든 재앙이 시작되고 있습니다.

선진국과 달리 독특한 재벌 기업 구조로 인해 우리나라는 많은 창업주들이 기업 경영 능력 검증이나 훈련 과정 없이 2세, 3세, 4세들에게 당연하다는 듯 기업 경영권을 넘겨주고 있습니다. 그들은 치열한 입사 경쟁을 치르지도 않은 채, 적자생존의 승진 과정을 거치지도 않은 채, 형식적인 입사와 함께 어느 날 졸지에 임원급이 됩니다. 그리고 재벌 총수 일가라는 프리미엄까지 등에 업고 임·직원들 위에 제왕처럼 군림하면서 무차별적인 갑질을 해댑니다. 그들만의 당연한 특권이자 권리라고 착각하면서…….

때문에 이번에 다시금 발생한 대한항공 총수의 장녀, '땅콩 공주' 조현아에 이은, 차녀 '물컵 공주' 조현민의 갑질 사건은 전혀 새로울 것도, 새삼스러울 것도 없습니다. 그들은 운 좋게 금수저를 물고 태어나 잘못된 선민(選民) 의식에 빠져 살아 온, 정신 장애자에 불과할 뿐입니다. 오죽했으면 '대한항공' 상호를 바꾸고, '태극기' 문양도 삭제하라는 청원까지 등장했을까요.

사실 사기업인 한진그룹이 국가 기업처럼 '대한'이란 명칭과 함께 '태극기' 문양을 사용하는 것은 분명 문제가 있습니다. 땅

콩 회항으로 세계적인 이목이 집중되었을 때, '대한항공'이란 명칭으로 인해, 대한민국의 국격 훼손은 물론 국민 모두가 국제적으로 큰 망신을 당했기 때문입니다.

그런데 한국의 재벌들 대부분이 대동소이한 속성을 갖고 있어, 이번과 같은 재벌가(家)의 부도덕한 갑질을 대한항공 총수 일가만의 문제로 간주하고, 비난할 수만은 없다는 데 고민이 있습니다. 오늘은 대한항공이지만, 어제는 SK, 한화, 미스터 피자, 효성 등등이 있었기 때문입니다. 내일은 또 어느 재벌이 주인공이 될지 아무도 모릅니다.

이들은 문제가 발생할 때마다 수학 공식처럼 '진심으로 사과한다.'며, 국민 앞에 머리를 조아리고, 용서를 구합니다. 그러나 그것은 여론의 소나기를 잠시 피해가기 위한 쇼에 불과할 뿐, 진정성이 결여된 경우가 대부분입니다. 대한항공의 조현아처럼 집행유예 기간임에도 불구하고 어느 정도 시간이 지나자, 아무 일 없었다는 듯, 슬그머니 제자리로 원대 복귀하기 때문입니다.

그런데 조현민 사건을 계기로 한진 그룹 총수 일가의 고가 명품 밀수와 탈세 혐의까지 드러났습니다. 그리고 관세청의 압수수색을 받게 되자, 궁여지책의 대국민 사과를 했습니다. 이 과정에서 조현아, 조현민 두 딸 모두를 그룹 경영 일선에서 완전히 배제시키겠다고 총수 스스로 공언했지만……. 이런 부도덕한 재벌가를 바라보는 국민들의 마음은 늘 착잡하기만 합니다.

마태복음에 **"낙타가 바늘귀를 통과하는 것이 부자가 하늘나라에 들어가는 것보다 쉽다."**는 구절이 있습니다. 부자가 존경받기는 어렵다는 뜻입니다. **"개같이 벌어서 정승같이 쓴다."**는 우리 속담도 있습니다. 그런데 오죽했으면 돈 버는 과정을 "개같다"고 했을까요.

그러나 미국에서는 기업들이 개같이 돈을 버는 것이 아니라, 정당한 방법으로 벌어 사회에 기부하고 환원한 록펠러, 카네기, 빌 게이츠, 그리고 워런 버핏 같은 존경 받는 기업인들이 수두룩합니다. 그런데 우리는 언제쯤 미국처럼 존경받는 기업인들을 가질 수 있을까요?

그 꿈은 여전히 아득하고, 멀어만 보입니다.

대통령의 약속

이미 해놓은 약속은 아직 갚지 않은 부채이다.

〈R. W. 서비스〉

사람들은 한평생을 살아가면서 알게 모르게 크고 작은 많은 약속을 합니다. 약속을 한다는 것은 지켜야 한다는 전제가 깔려 있습니다. 그러나 살다 보면 약속을 해 놓고도 본의 아니게 지킬 수 없어 깨진 약속들도 많습니다.

그래서 나폴레옹은 **"약속을 지키는 최선의 방법은 약속을 하지 않는 것이다."**라고 말했는지도 모릅니다.

새 정부가 들어서면 관례대로 국무총리 등 주요 장관들의 인사청문회를 합니다. 그런데 도덕성과 자질, 그리고 능력을 따지는 인사청문회 과정에서 후보자들의 이런저런 범법 사실이 밝혀져 임명 여부를 놓고 청와대는 물론 여야가 늘 대립각을 세웁니다.

위장 전입은 기본이고, 세금 탈루 등에 연루 돼, 대통령과 여당을 곤혹스럽게 만들기도 합니다. 야당은 대통령 선거 공약을 지키라고 윽박지르고, 여당은 발목잡기라며 볼멘소리를 냅니다. '명분과 실리'가 대립하는 가운데 여야의 입장이 하루아침에 뒤바뀌어, 주장하는 궤가 참으로 아이러니할 때가 많습니다.

문재인 대통령은 후보 시절, '병역 면탈, 부동산 투기, 세금 탈루, 위장 전입, 논문 표절' 등 5대 인사 배제 원칙을 제시하고, 이와 관련된 인사는 각료로 임명하지 않겠다고 선거 공약을 한 바 있습니다.

그런데 얼마 전 문재인 정부는 첫 조각을 모두 마치고 5대 인사 배제 원칙에 '음주 운전'과, '성범죄' 항목을 추가했습니다. 인사 배제 7대 원칙이 돼, 겉으로 보기엔 더 강화된 듯 보입니다.

그러나 그 속내를 찬찬히 들여다보면 실상은 가관(?)입니다. 대부분의 후보자들이 걸렸던 위장전입의 경우, 부동산 투기, 또는 자녀의 선호 학교 배정 목적으로 2회 이상인 경우로 한정하고 있습니다. 논문표절도 2007년 2월 이전에 대해선 면죄부를 주고 있습니다. 공직후보자들이 빠져나갈 수 있는 구멍을 더 넓혀 놓은 것입니다.

추가된 성범죄와 음주운전 기준은 구색 맞추기 성격이 매우 강합니다. 기존에도 성범죄로 처벌 받은 경우, 공직에서 당연히 배제됐기 때문입니다. 음주운전 10년 이내, 2회 이상 적발

규정은 오히려 관대하기까지 합니다. 한마디로 후보 시절 스스로 제시한 5대 원칙의 후퇴라고 볼 수밖에 없습니다.

그러나 더 중요한 것은 새로운 기준 설정보다도 대통령의 인식 변화가 필요하다는 지적입니다. 원칙이 바뀐들, 대통령이 직접 추천한 인사를 청문회를 통해 걸러내기란 쉽지 않은 일이기 때문입니다.

그런데 현재와 같은 높은 지지율만 믿고 자신의 울타리 안에서 사람을 찾고, 흠결이 드러나도 밀어붙이는 식이라면, 스스로 불행을 자초할 수도 있습니다. 지지율이란 신기루 같아서 하루아침에 나락의 끝으로 언제든 곤두박질칠 수 있기 때문입니다.

문재인 대통령은 취임사에서조차 인재의 적재적소 배치를 인사의 대원칙으로 삼겠다고 약속한 바 있습니다. 특히 자신의 지지 여부와 관계없이 훌륭한 인재가 있다면, 삼고초려해서라도 일을 맡기겠다고도 했습니다. 그러나 새 정부 첫 조각을 하면서 인재 영입을 위해 삼고초려를 했다는 말은 들어 보지 못했습니다.

크든 작든 범법 행위를 한 인사가 국무총리나, 장관이 된다면 정상적인 나라라고 할 수 없습니다. 그럼에도 불구하고 국회

인사청문회를 참고용 정도로 여기면서, 흠이 있어 반대하는 인사를 밀어붙이기 식으로 임명을 감행한다면, 문재인 정부 역시 전(前) 정권들과 별반 다를 게 없습니다.

그리고 정권이 갑자기 바뀌면서 시간이 촉박해 후보자들에 대한 사전 검증이 부실했다는 고백은 그저 군색한 변명에 불과합니다. 또 공약과 현실은 괴리가 있다는 주장 역시 설득력이 없습니다. 지킬 수 없는 공약이라면 처음부터 하지 말았어야 옳습니다.

박근혜 전 정권과 별반 차이 없는 정권 탄생을 염원하며, 국민들이 엄동설한에 촛불을 든 것은 결코 아닐 것입니다. 따라서 공약이 아니더라도, 대통령이 국민에게 한 약속은 반드시 지켜져야 합니다.

그러나 문재인 대통령은 야당 대표 시절, 국민과의 약속에 대해 여러 차례 식언한 바 있습니다. 때문에 대통령의 선거 공약(公約)이 공약(空約)이 되는 것은 아닌지, 우려의 목소리도 많습니다.

따라서 문재인 대통령은 전 정권의 아집, 부실 인사를 반면교사로, 조금 지체되더라도 국민과의 약속한 인사 원칙을 지켜나가야 합니다. 국민과의 약속을 지키는 것이야말로 국민에 대한 최소한의 예의이자, 더 높은 신뢰와 지지를 받을 수 있는 지름길이기도 하니 말입니다.

선서의 함정

정치를 외면하는 가장 큰 대가는
가장 저질스런 인간들에게 지배당하는 것이다.
〈플라톤〉

사상 초유의 대통령 탄핵으로 인한 조기 대선
이, 갖은 우여곡절 끝에 대단원의 막을 내리고 문재인 새 정부
가 탄생하였습니다.

그동안 이리 저리 찢기고 갈린 국민들의 마음을 어떻게 다독
이고, 또 급변하는 국내외 정세 속에 대한민국의 위상을 어떻
게 높여 나갈지, 국민들은 두 눈을 부릅뜨고 새 대통령을 지켜
보고 있습니다. 아마도 전임 대통령이 국격을 크게 훼손시키
고, 나라를 난장판으로 만들어 놓은 뒤라, 국민들의 애절함이
그만큼 더 크기 때문일 것입니다.

민주주의는 기본적으로 국민에 의한 지배, 또는 정치를 의미
하며, 국민이 통치하는 정부 형태라고 할 수 있습니다. 그런데

사전적으로 선거란 **"대의 민주 정치 체제에서 민의를 수렴하여 국정을 운영할 대표자를 선출하는 과정이며, 국민 주권을 실현하는 중요한 수단"**으로 정의할 수 있습니다. 그리고 민주주의 국가에서 '통치자'는 선거라는 과정을 거침으로써 정당성을 부여받습니다.

우리나라는 해방에서 1987년까지 수많은 사람들의 투쟁과 희생의 대가로 민주주의와 함께 국회의원과 대통령을 직접 선출하는 '직접선거제도'를 쟁취했습니다. 때문에 혹자는 '민주주의는 국민의 피를 먹고 자란다.'라고 했는지도 모릅니다.

또 우리는 그동안 수없이 많은 선거를 경험해 왔습니다. 그 과정에서 '과연 유권자들이 진정으로 원하는 적임자를 선출해 왔는가' 자문자답을 해 보지만, 선뜻 긍정적인 답을 할 수 없음이 유감입니다. 출마자의 능력이나 자질보다는, 늘 우선적으로 당을 보고 학연, 지연 등을 따져 투표하고, 유권자로서 부릴 사람을 뽑은 것이 아니라, 섬길 사람을 뽑아 왔기 때문입니다.

이런 사실들을 충분히 알면서도 유권자들은 선거 때만 되면 그 무엇에 최면이라도 걸린 듯, 같은 일을 늘 되풀이했습니다. 그리고 곧 후회합니다. 이런 까닭에 선거일 하루만 유권자가 '갑'일 뿐, 선거가 끝나자마자 '을'의 신세로 전락하고 만다는 우스갯소리도 있는 것입니다.

후보자는 당선과 동시에 막강한 권력을 갖고 당리당략에 따라 행동하며, 개인의 부귀영화만을 위해 정치를 합니다. '을' 신세로 전락한 유권자인 국민들은 안중에도 없습니다. 그런데 지난 여러 선거 결과가 이를 증명하듯, 선거를 통해 당선된 대통령이나 국회의원들이 모두 능력자들은 아니라는 사실입니다.

특히 대중적으로 인기 있는 적당한 인물을 앞세워 당선시킨 후, 이를 발판 삼아 뒤에서 실세로 군림하며 호가호위하는 무리들도 많습니다. 아마도 우리나라 근대 역사에서 보면 박근혜 전 대통령이 그 대표적 사례라고 할 수 있습니다.

오죽했으면 고건 전 총리마저 자신의 회고록에서 박근혜 전 대통령을 일컬어 **"오만, 불통, 무능, 아버지 기념사업이나 했어야 했다."**고 혹평을 했겠습니까.

어디 그뿐입니까. '적임자가 없다고 선거를 아예 포기하거나', 선거 후 '이제는 당선자가 알아서 잘 하겠지.', '이제부터 정치는 나와는 상관없다.'는 식의 유권자들의 정치적 무관심이 결국 오늘날 정치 부패를 잉태시키고, 무능한 정치꾼들이 정치판에서 활개 치도록 일조해 왔음도 부인키 어렵습니다.

그리고 선거와 미디어(TV)의 결합은 더 큰 마술적 힘으로 선거를 주도하고 있습니다. 그런데 선거는 미디어를 통해 잘 생긴 사람, 연기 잘하는 사람, 말 잘하는 사람 등을 뽑는 인기투표를 하는 것이 결코 아닙니다.

후보자가 살아 온 과정은 어떤지, 도덕적으로 큰 흠결은 없는지, 정책과 공약은 무엇이며, 공약 내용과 질은 타 후보와 어떻게 다른지 등을 유권자가 끈질기게 추적할 때만 그 후보자가 가진 허상을 벗겨 낼 수 있습니다. 이는 유권자의 의무이자, 권리이기도 합니다.

따라서 유권자는 보다 성숙된 인식과 의식으로 선거에 임해야만, 제대로 된 자기 권리를 찾고, 또 누릴 수 있습니다. 선거가 끝나자마자 개, 돼지 취급받는다는 것은 유권자로서 너무나 억울하고 분한 일입니다.

대한민국의 주권은 국민에게 있고, 모든 권력은 국민으로부터 나옴에도 불구하고……

인사 청문회

자기를 내세우지 않는 인물은
본인이 믿고 있는 것보다 훨씬 더 큰 인물이다.

〈괴테〉

'인사청문회법'은 대통령이 행정부의 고위 공직자를 임명할 때 국회의 검증 절차를 밟도록 함으로써, 대통령의 인사권을 통제하고 견제하고자 2000년 만들었습니다.

이 법에 따라 헌정 사상 최초로 김대중 정부에서 2000년 6월 26일과 27일 이틀 간, 이한동 국무총리에 대한 인사청문회가 열렸습니다. 그리고 지금까지 수없이 많은 인사청문회를 통해 고위 공직 후보자들이 제자리를 찾기도 하고, 후보자로서 만족한 채, 자의 반 타의 반으로 낙마란 고배를 마시기도 하였습니다.

낙마의 대표적인 단골 메뉴는 위장 전입, 부동산 투기, 다운 계약서 작성, 탈세, 고액 수임료 수수, 그리고 논문 표절 등등, 유형도 다양합니다. 청문회 과정에서 이런 문제가 불거지면 고위 공직 후보자들은 "죄송하다, 관행에 따른 것이다", 경우에 따라서는 동문서답이나 모르쇠로 일관하기도 합니다.

그런데 국무총리 등 일부를 제외한 장관 등의 인사청문회는 구속력이 없습니다. 청문회 결과, 국회에서 부적절하다고 판단하고, 부적격 보고서를 내도 임명권자인 대통령이 거부하면, 아무리 문제가 많은 사람일지라도 그 사람은 고위 공직에 임명됩니다. 청문회는 거쳐야 할 통과의례에 불과할 뿐입니다. 국회청문회나 국민의 잣대가 아니라, 대통령이 가진 고유의 기준에 의해 임명 여부가 결정되기 때문입니다.

박근혜 전 정부 4년 동안, 이 같은 사례는 10건을 넘었습니다. 인사청문회 결과 부적격 판정에도 불구하고 임명된 음주운전 적발의 경찰청장, 황제 전세의 농림수산부 장관, 그리고 과소비(?)의 문화체육부 장관 등이 그 대표적인 사례라고 할 수 있습니다.

문재인 새 정부의 인사도 크게 다르지 않습니다. 대통령 자신이 공약한 인사 배제 원칙마저 무시한 채, 군색한 변명과 함께 문제 인사들을 국무총리는 물론, 장관 등 여러 고위 공직에 임명을 감행해 국민들을 실망시킨 바 있기 때문입니다.

그런데 인사청문회 목적은 대통령의 인사권에 대한 견제 기능도 있지만, 청문회를 통해 도덕적으로 국민들로부터 신망은 받을 수 있는지, 그리고 업무 수행 능력과 리더십은 있는지 여부 등을 검증하는 것입니다.

그동안 우리나라의 인사청문회는 불행하게도 후보자 자신은 물론, 사돈네 팔촌까지 시시콜콜한 신상 털기, 비리 폭로 등에만 초점을 맞춰 이루어졌습니다. 때문에 이런 청문회를 지켜봐야 하는 국민들은 늘 피로감을 느낍니다. 그래서 인사청문회 무용론도 끊임없이 대두되고 있습니다.

우리와 달리 미국의 인사청문회는 '인사청문특별위원회'의 청문 절차를 거쳐 본회의에서 토론 없이 표결하는 제도를 채택하고 있습니다. 미국 인사청문회의 가장 핵심은 바로 소요기간입니다. 보통 대통령의 사전 인선에 평균 270여 일, 행정부 인준 준비에 평균 28일, 상원인준에 50일, 총 350여 일 정도가 소요됩니다. 즉, 일 년 가까이 선정된 후보자를 철두철미하게 검증한 후, 인준을 합니다. 이런 이유로 미국 인사청문회는 비리나 의혹을 밝혀내는 데 거의 완벽하다고 볼 수 있습니다.

반면에 우리나라의 청문회 기간은 하루, 길어야 이틀입니다. 태생부터가 제대로 된 검증이 이루어질 수 없는 구조적 문제점을 안고 있습니다. 따라서 정치 선진국이 되려면 우리도 이제는 인사청문회의 검증 기간도 충분히 늘리고, 도덕성과 능력 위주의 검증제도로 바꾸어야 합니다.

　사실 현재와 같은 인사청문회 제도라면 하지 않는 편이 더 나을 것입니다. 시간, 세금, 그리고 전파 낭비만 초래할 뿐, 이미 유명무실한 제도로 전락한지 오래이기 때문입니다.

우울한 스승의 날

스승은 영원한 영향력을 안겨주는 사람이다.
그는 절대로 영향력이 어디에서 중지될 지 말 할 수가 없다.

〈헨리 아담스〉

매년 5월 15일은 스승의 날입니다. 교원의 교권 존중과 사기 진작, 그리고 지위 향상을 위해 지정된 법정 기념일입니다. 초기에는 학생들의 자발적인 참여로 시작됐으나, 1970년 대 박정희 정권에서, 1973년 3월 모든 교육 관련 기념행사가 '국민교육헌장 선포일'로 통합되면서 '스승의 날'행사는 1981년까지 금지돼 왔습니다. 이후 1982년 제정된 '각종 기념일 등에 관한 규정'에 따라 9년 만에 부활돼, 법정 기념일로 지금까지 지켜지고 있습니다.

이날은 옛 스승 찾아뵙기, 안부 편지 보내기, 모교 및 자녀 학교 방문하기 등 스승님에 대한 존경심을 선양할 수 있는, 다양한 행사들이 학교별로 개최됩니다. 그러나 부정청탁금지법,

일명 김영란법 시행으로 인해 스승과 제자 사이에 생화 카네이션은 물론 캔 커피 하나도 서로 주고받을 수 없게 되면서 교사들에게는 오히려 부담스런 날로 변질되었습니다. 청와대 청원 사이트에 스승의 날을 아예 폐지해 달라는 현직 교사의 청원까지 등장했으니, 이 노릇을 어찌 해야 할지 모르겠습니다.

교육 현장은 지금 공황상태입니다. 초등학생이 여교사를 폭행하고 자식을 체벌하고 훈계했다고 학부모가 학생들 앞에서 교사 뺨을 때리는 사건들이 하루가 멀다 하고 일어나고 있기 때문입니다.

한국교원단체협의회가 발표한 '2016년 교권회복 및 교직 결과 상담 보고서' 자료에 따르면 2016년 교권 침해 상담 사례는 572건이나 됩니다. 2009년 179건과 비교하면 3배나 늘어난 수치입니다. 교권을 침해하는 주 가해자는 학부모로 46.7%를 차지했습니다. 다음이 이사장·교장으로 23%였으며, 학생에 의한 교권 침해도 10.1%로 나타났습니다. 그러나 이 같은 교권 침해 사례는 빙산의 일각에 불과하다는 것이 정설입니다.

그런데 우리나라가 6.25 폐허를 다시 털고 일어나 오늘날을 일구어 낸 과정에서 결정적인 역할을 한 힘이 바로 '교육'이었습니다. 그리고 오늘날 우리가 있도록 한 배후에는 열악한 환경과 박봉 속에서도 오직 열정 하나로 제자를 사랑하고 아끼며 꿋꿋하게 버텨 온 스승님들이 계셨습니다.

그럼에도 불구하고 정부와 교육당국은 지난 수년 동안 교사들을 개혁의 주체가 아니라, 대상으로 폄하하고, 사회는 사회대로 교직을 천덕꾸러기 푸대접함으로써 큰 상처만 안겨 주고 있습니다.

결국 '교육 관료 독점 체제'가 교육 민주화와 교육 개혁의 발목을 붙잡고 교육 파행의 모순을 더욱 심화시켰습니다. 여기에 2012년 학생인권조례의 공포와 진보 성향 교육감들이 등장하면서 그럴 듯한 미사여구(美辭麗句) 포장된, 학교 내 체벌 금지 등의 정책도 한몫을 하고 있습니다.

이런 까닭에 학교 구성원들은 '교육 망국의 진원지'가 바로 교육부라고 지적하는 데 주저하지 않고 있습니다. 권력, 재벌, 언론, 사학재단 유착 고리에 빌붙은 교육부를 과감하게 수술하지 않고서는 그 어떤 교육 개혁도 말의 유희에 불과할 뿐입니다.

물론 극히 일부지만 업자들과 학부모로부터 뇌물과 촌지를 받고, 제자와 부적절한 관계를 야기함으로써 교사들 스스로 교권을 추락시키는 데 일조한 면도 없지 않습니다. 그리고 머리와 가슴을 골고루 발달시켜야 하는 전인 교육은 실종된 채, 오직 입시 위주의 단편적인 지식만 암기시키는 전근대적이고 후진적인 교육이 오늘날 학교를 붕괴시키고 아이들마저 알게 모르게 병들게 하고 있음도 부인할 수 없는 사실입니다.

그런데 이 같은 학교 문제의 심각성은 교사, 학부모, 그리고 학생 사이에 신뢰가 깨진 데 기인합니다. 신뢰는 인간관계의 기초적인 바탕인 까닭에 학교에서 신뢰가 사라지면, 올곧은 교육을 기대할 수 없습니다.

교사의 사랑이 학생들의 가슴을 울려 자발적인 존경심을 이끌어 낼 때 비로소 진정한 전인(全人) 교육이 가능합니다. 인성이나 인간 교육은 교사에 대한 믿음의 산물로서 교육이란 지식만을 제공하는 단순한 일이 아니기 때문입니다.

따라서 교사들 역시 수업, 학생 지도, 그리고 연구 성과 향상 등 스스로 교권을 지키고자 하는 노력이 선행돼야 합니다. 교권은 누가 거저 가다 주는 것도, 확립해 주는 것도 아니니 말입니다.

그러나 더 중요한 일은 교육 백년대계가 제대로 제 역할을 하려면 진정한 스승의 권위가 전제돼야 합니다. 인적자원의 비중이 큰 우리나라는 더더욱 그렇습니다. 스승의 날을 폐지하거나 옮기자는 논의가 중요한 것이 아니라, 더 늦기 전에 "교육이 바

로 서야 나라가 바로 선다."는 정부와 국민들의 의식 전환이 절
실히 필요한 때입니다.

권불십년, 화무십일홍

권력이 커지면 커질수록, 그 남용은 더 위험하다.

〈에드먼드 버크〉

'**권불**(權不)은 십년(十年)이요, 화무(花無)는 십일홍(十日紅)'이라는 속담이 있습니다.

'권불십년'은 권력도 버틴다고 되는 게 아니니, 권력을 멋대로 휘두르거나 권력을 잡으려고 안달하는 인간들에게 권력의 무상함을 일깨워 주려는 경책입니다. '화무십일홍' 역시 석 달 열흘 붉은 백일홍도 있기는 하지만, 싱싱한 아름다움이 열흘 가는 꽃은 거의 없다는 경구입니다. 다시 말해서 권세와 부귀영화는 영원히 지속되지 않는다는 의미입니다.

그런데 이 같은 사실은 그동안 역사가 숱하게 증명해 왔습니다. 최순실 게이트, 아니 박근혜 게이트로 인해 빚어진 국기 문란과 국정 농단 사건에 연루된 권력 핵심 인사들이, 줄줄이 수갑을 찬 채, 구속되는 모습을 지켜보면서 국민 모두가 권력무상, 인생무상을 느꼈습니다.

어쩌면 그들은 어리석게도 자신들이 가진 권력이 영원할 것 같은 착각 속에서, 온갖 '갑질'을 해대며, 그동안 부귀영화를 누려 왔을지도 모릅니다. 그런데 영어(囹圄)의 몸이 된 그들은 지금, 감옥에서 무슨 생각들을 하고 있을지 많이 궁금합니다.

한 치 앞도 모르는 것이 우리 인생이라고들 합니다. 그런데 조선 왕조에서도 왕과 왕비 등을 등에 업고 국정을 농단한 최순실과 비슷한 악녀(惡女)들이 존재했습니다.

연산군 때 장녹수, 명종 때 정난정, 광해군 때 김개시, 그리고 숙종 때 장옥정(장희빈) 등이 바로 그들입니다. 이들 모두 왕과 왕비의 권력을 등에 업고 국정을 쥐락펴락 농단하며 갖은 패악을 부리다 결국 비참한 최후를 맞았습니다.

그런데 중국 역사상 최초로 통일 국가를 이룩한 진(秦)나라도 별반 다르지 않습니다. 천하통일을 이룬 후 시황제(始皇帝)는 강력한 중앙집권 체제를 확립하며 승승장구하였습니다.

그는 영구 집권을 위해 만리장성을 쌓고, 영생하고자 불로초를 구하기 위해 온갖 수단·방법을 동원했지만, 결국 죽고 말았습니다. 그리고 나라마저도 2대째에 이르러 150년도 아닌, 15년 만에 망하고 말았습니다. 중국을 처음 통일하고 한때 중

원을 호령했던 통일 국가마저도 수명이 이 정도인데, 권력이야 더 무얼 말할 수 있겠습니까.

그런데 21세기 대한민국에서도 이런 일이 버젓이 벌어져 국민들은 분노하다 못해 절망했습니다. 어떻게 한 무지렁이 아녀자가 대통령을 등에 업고 막강한 세도를 부리며, 온갖 이권에 개입해 사리사욕을 취하고 국정을 농단할 수 있었는지, 상식적으로 도저히 납득이 되지 않았기 때문입니다.

경찰과 검찰도 있고 청와대 민정실도 있는데, 모두 한통속으로 직무유기를 한 것입니다. 이들 중, 한 기관만이라도 공복(公僕)으로서 부정 비리 발본색원(拔本塞源)에 눈을 부릅뜨고 제 역할을 충실히 했었다면, 오늘날 이 같은 불행한 사태는 없었을 것입니다. 아니 대통령이 올곧은 정신으로 국정을 수행하고자 노력만 했었더라도 이런 참담하고 어처구니없는 일은 일어나지 않았을 것입니다.

무능하고 무책임한 선장과 선원들로 가득찬 배는 결국 침몰할 수밖에 없습니다. 특히 호미로 막을 수 있었던 일을 함께 부화뇌동하거나, 애써 모른 척 방기함으로써 결국 불도저로도 막을 수 없는 지경이 되는 경우도 많습니다.

그런데 지금 이 순간에도 이런 권력을 갖기 위해 물불을 안

가리는 사람들이 넘쳐 나고 있습니다. 그래서 뇌물을 주고받고 그들만의 세계를 형성하며 살고자 합니다. 그것이 바로 자신의 무덤이 될 수도 있다는 사실을 애써 외면하면서 말입니다. 참으로 안타까운 현실입니다.

우리 국민은 언제쯤이나 나라다운 나라에서 사람답게 살 수 있을까요!

인사가 만사

재능 없는 사람이 관직에 중용되면,
재능 있는 사람은 그 재능을 사용할 기회를 잃어버리고 만다.

〈신당서〉

작은 조직이든, 큰 조직이든 결국 사람이 중심
돼 움직이기 때문에 인사(人事)가 만사(萬事)란 말은 아무리 강조
해도 지나친 말이 아닙니다. 특히 국정 운영의 근간이라고 할
수 있는 국무총리 이하 정부의 주요 요직 인사는 더 말할 필요
가 없습니다.

이런 까닭에 새 정부가 출범할 때마다 "인사가 만사다"란 화
두를 외치며, 학연, 지연 등을 배제한 인사를 약속하지만, 늘
구두선(口頭禪)에 그쳤습니다. 보은, 정실, 낙하산, 수첩, 회전
문, 그리고 코드 인사 논란이 끊이지 않으면서 결국 "인사(人事)
가 망사(亡事)"라는 비판과 함께 역풍에 시달렸습니다.

박근혜 전 대통령 역시 최순실을 통한 비선 인사나 밀실, 수

첩 인사를 하지 않았더라면, 대통령 탄핵이란 불행한 사태도 없었을 것이고, 지금과 같이 영어(囹圄)의 몸이 되지도 않았을 것입니다.

어떤 조직 사회의 장이나 한 기관을 대표하는 수장은 '청렴성'과 '도덕성', 그리고 '신뢰성'이 가장 필요한 덕목입니다. 그런데 역대 정부 인사 실패 사례는 일일이 손으로 꼽을 수조차 없을 정도로 많습니다.

노무현 전 대통령은 자신과 이념 성향이 맞은 386 인사들을 대거 청와대 참모로 발탁함으로써 코드 · 보은 인사 논란을 불러 일으켰습니다.

이명박 정부 또한 '베스트 오브 베스트 인사'를 강조했으나, 고소영(고려대, 소망교회, 영남), 강부자(강남 부동산 부자) 인사 등 '망사(亡事)'적인 인사 행태(行態)를 보여 국민들을 크게 실망시켰습니다.

이 모두가 '공직'을 선거에서 이긴 전리품쯤으로, '인사'를 논공행상으로 생각하고 "내 사람만 쓰겠다"는 아집과 편견에서 비롯된 결과라고 할 수 있습니다.

또한 정권이 바뀔 때마다 대통령의 출신지역 중심으로 주요 인사가 이루어져 왔습니다. 결국 이 같은 인사는 국가 균형 발전을 위해서도 바람직하지 않으며, 국민 정서에도 어긋나는 일입니다.

인사는 말 그대로 정치입니다. 그런데 그동안 대부분의 지도자들이 이를 간과하거나, 애써 방기해 왔습니다. 국민 반쪽만 바라보며, 정치와 인사를 해 온 박근혜 전 대통령의 편 가르기식 리더십이 이를 극명히 보여준 사례라고 할 수 있습니다.

그러나 이번 박근혜 전 대통령 탄핵을 계기로 대한민국 시스템 모두를 원점에서 새롭게 바꿔야 합니다. 이를 위한 첫 단추는 정부의 인사 시스템의 재정비입니다. 앞으로 어떤 정부든 박근혜 정부의 인사 관행 병폐들을 거울삼아 때 묻지 않은, 능력 있고 참신한 인물들을 널리 찾아내 국정에 참여시켜야 합니다. 특히 선거가 끝나면 선거 캠프에서 일했던 인사들을 논공행상에 따라 장관 및 공공기관장으로 임명하는 등의 보은 인사 관행부터 철저히 근절해야 합니다.

공직은 한마디로 국가 자산입니다. 따라서 국가의 자원을 이용해 인사를 해야 합니다. 장기적인 차원에서 인재 관리 전담 독립 기구를 만들어 인재 풀과 인재 데이터베이스 시스템을 운영하고 정권이 바뀌더라도 독립성이 유지되도록 법적 · 제도적 장치를 마련해야 합니다.

탕평 인사 시스템 도입도 절실합니다. '탕평 인사'란 어느 쪽에도 치우치지 않는 공명정대(公明正大)하고 국가 운영과 정책 실천을 위해, 최대 효과를 발휘할 수 있도록 우수하고 능력이 출중한 인사를 널리 구하여 기용하는 것입니다. 국민들에게 인위적으로 보여주기 위해 지역별로 몇 명씩 할당해서 인사 배분하는 것은 탕평 인사가 아닙니다.

　이 같은 공명정대한 공적 인사 시스템을 도입한다면, 차기의 어느 정부든 이미 절반은 성공한 셈이 될 것입니다.

'무전(無錢)', 고독사

죽음은 높은 자나 낮은 자를 평등하게 만든다.

〈이솝 우화〉

송나라의 주신중(朱新仲)은 훌륭한 죽음으로 다음과 같은 '5멸(五滅)의 실천'을 내세웠습니다.

5멸이란 "첫째, 멸재(滅財)-재산을 남기지 말고 죽을 것, 둘째, 멸원(滅怨)-원한을 남기지 말고 죽을 것, 셋째, 멸채(滅債)-남에게 빚을 남기지 말고 죽을 것, 넷째, 멸정(滅情)-정분을 남기지 말고 죽을 것, 다섯째, 멸망(滅亡)-죽음을 두려워하지 말고 죽을 것" 등입니다.

사람으로 태어나 한평생 사람답게 살다, 사람답게 죽는 일도 결코 쉬운 일이 아닙니다. 훌륭한 죽음을 위한 '5멸의 실천'이 그리 쉬운 일이 아닌 까닭입니다.

어찌됐든 이 세상에 태어나 어느 날 죽는다는 것은 내가 이 세상에서 영원히 사라지는 일이기 때문에 매우 슬픈 일임에 틀

림없습니다. 따라서 사람이 태어나 천수(天壽)를 다 누리고 죽는다면 그것만으로도 큰 축복이자, 행운입니다.

그러나 실제로는 그렇지 못한 경우도 많습니다. 열심히 사는 도중 암 등 불치병으로 죽기도 하고, 교통사고 등으로 어느 날 갑자기 목숨을 잃기 때문입니다. 그들의 타고난 운명이라고 가볍게 치부해 버리기엔 모두 안타까운 죽음들입니다. 그래서 태어날 때는 순서가 있어도, 죽을 때는 순서가 없다고 했는지도 모릅니다.

그런데 죽음 중에서도 가장 가슴 아픈 죽음이 바로 '고독사(孤獨死)'입니다. 고독사는 사회적 관계가 단절된 상태로 혼자 살던 사람이 자신의 생활공간에서 사망한 뒤, 한동안 방치되다, 발견된 죽음을 의미합니다.

한국은 2017년 65세 노인 인구가 14%를 넘어 고령화 사회(7%)를 지나 '고령사회'가 됐습니다. 고령화 사회에서 고령사회로 가는 데 프랑스는 115년, 일본은 24년이 각각 걸렸지만, 한국은 17년 밖에 걸리지 않았습니다. 그리고 노인 빈곤율 세계 1위, 노년층 1인 가구의 폭발적인 증가 등으로, 한국 사회에서 고독사는 그동안 60세 이상 노년층의 문제로 간주돼 왔습니다.

그러나 서울시복지재단의 '한국의 고독사 실태 조사' 결과를 보면 정작 60대 이상보다 40~50대의 고독사가 더 많고, 여성보다 남성이 훨씬 더 많습니다.

2013년 발생한 고독사 확실 사례 162건 중 50대가 58명으로 연령대별 비중(35.8%)이 가장 높았습니다. 이어 40대 34명(21.0%), 60대 32명(20.0%) 순이었습니다. 우리에 앞서 고독사 문제에 직면한 일본에서조차도 그 유례를 찾아보기 힘든, 한국만의 독특한 현상입니다.

일본은 은퇴한 65살 이상 노인층 중심으로 고독사가 주로 나타나고 있습니다. 일본의 고독사 발생 건수는 1999년 207건에서 2008년 613건으로 10년 간 약 3배 증가했습니다. 반면에 같은 기간 65세 이상 노인층의 고독사 발생 건수는 94건에서 426건으로 4배 넘게 증가했습니다.

평생직장이란 개념이 강한 일본의 경우 우리나라처럼 40~50대 중년의 고독사가 크게 부각되고 있지 않습니다. 그러나 삼팔선(38세에 구조조정 대상), 사오정(45세 정년퇴직), 오륙도(56세까지 직장에 남아 있으면 도둑놈) 등 퇴직 연령이 낮아지고 복지 제도마저 미비한 한국에서는 조기 퇴직과 동시에 고독사의 위험에 그대로 노출되고 있는 것이 현실입니다. 참으로 안타깝고 씁쓸한 이야기입니다.

그런데 일반인들은 그들이 게으르고 나태해 그리 되었다고 당연하다는 듯이 생각할 수도 있지만, 실상은 전혀 그렇지 않다는 데 문제의 심각성이 있습니다. 40~50대에 조기 은퇴한 한국 중년들은 경제력 상실과 동시에 자신의 존재 가치마저 상실해 버리고 맙니다. 사회의 냉대와 푸대접, 그리고 믿고 의지했던 가족의 무관심이 그들을 조기 은퇴자라는 낙인과 함께 빈곤과 비자발적 고립의 수렁 속으로 빠져들게 하는 것입니다.

특히 은퇴 후 경제적 빈곤에 노출되면서 알코올 중독과 질병 등으로 고독사하는 시나리오가 자연스레 만들어집니다. 그리고 고독사 현장에는 술병과 우울증 처방전, 그리고 쓰다만 이력서만 나뒹굴 뿐입니다.

그런데 50대는 60대와 달리 자존심이 상한다는 이유로 도움받기마저 거부하면서, 스스로 고립된 삶을 택하기도 합니다. 물론 이 같은 고독사는 개별적인 죽음이지만, 사회 문제이기도 합니다.

우리는 지금 100세 시대에 살고 있습니다. 그런데 40~50대, 한창 일할 수 있는 나이에 쓸쓸히 홀로 생을 마감한다는 것은 개인의 불행이자, 국가적으로도 큰 손실입니다. 저출산과 고령시대의 중추적인 기둥들이 제 역할을 다하지 못한 채, 처참하게 무너지는 형국이기 때문입니다.

따라서 어떤 죽음이 됐든, "유전(有錢), 가족사, 무전(無錢), 고독사"와 같이 빈부에 따른, 차별적 죽음이 되지 않도록, 우리 사회가 함께 고민하고 해결해 나가야 할 당면 과제임이 분명합니다.

노인나라의 '딜레마'

노인 한 사람이 죽으면 도서관 하나가 불타 없어지는 것과 같다.

〈아프리카 속담〉

우리나라는 2016년 11월을 기점으로 '노인 나라'가 됐습니다. 인구센서스에서 65세 이상 노인 인구가 0~14세 유소년 인구를 추월해, 7,000명이나 더 많아졌기 때문입니다. 그리고 우리나라는 2017년 8월, 주민등록 인구 기준으로 노인이 전체 인구의 14%를 넘어 '고령사회'가 됐습니다. 노인 인구 비율이 7% 이상이면 '고령화 사회', 14% 이상이면 '고령사회', 20% 이상이면 '초 고령사회'로 분류합니다.

'한국은 고령화 사회에서 고령사회로 가는 데 17년밖에 걸리지 않았습니다. 반면 프랑스는 115년, 일본은 24년이 걸렸습니다. 우리나라의 이 같은 급속한 고령화는 기대 수명의 연장과 출산율 하락에서 기인합니다. 유엔은 한국이 지금과 같은 속도로 고령화가 진행된다면 2050년에는 노인 인구 비율이 세계 최고 수준에 이를 것으로 전망하고 있습니다.

인구 구조가 급격히 고령화된다는 것은 노동력과 생산성 감소를 의미하기 때문에 경제 성장도 덩달아 위축됩니다. 고령화 증가로 인해 사회 보험 같은 지출이 늘어나 국가 재정이 타격을 받게 되고, 복지기금 충당을 위해 다른 사회 구성원들이 세금을 더 내야 하는 등 심각한 사회적 문제를 안고 있습니다. 일본의 장기 불황, 잃어버린 20년은 초고령 사회로 인한 인구 구조의 변화 때문이라는 지적처럼, 저출산, 초고령 문제는 매우 심각합니다. 우리나라 역시 일본의 전철을 밟을 것으로 보여, 대단히 우려스럽습니다.

그런데 우리나라는 8년 후인 2026년에는 초고령 사회에 진입할 것으로 예상되고 있습니다. 스스로 일할 수 있는 기간보다, 일손을 놓은 채, 노년을 보내야 하는 시간이 길어지는 시대에 접어들게 되는 것입니다. 이와 같은 시대적 변화는 우리에게 노후 미래에 대해 좀 더 치밀하고 세심한 준비를 요구하고 있습니다. 따라서 노인 인력을 어떻게 활용할 것인가에 대한 대책 마련이 시급한 실정입니다.

일본 노동연구정책연구소의 후지모토 마코트 연구원은 "**고령자에게 새로운 일자리를 찾아 주는 것보다는 과거에 했던 일을**

계속할 수 있도록 하는 것이 더 낫다."며 "한국은 고령자에 맞는 새 직종을 개발 중이라고 들었는데 일본에서 그 같은 연구는 27년 전에 이미 실패했다."고 말한 바 있습니다. 귀담아 들을 만한 이야기입니다.

문재인 정부는 이 같은 문제를 해결하기 위해 대통령 직속 기관으로 '저출산고령사회위원회 6기'를 출범시켰습니다. 그러나 아직까지 이렇다 할 뚜렷한 대책이나 대안은 없는 듯 보입니다.

그런데 과거 정부들이 지난 11년 동안 저출산·고령화 문제를 해결하기 위해 쏟아 부은 돈은 110조 원이 넘습니다. 엄청난 투자에 비하면, 그러나 성과는 극히 미미합니다. 일회성 정책이나 생색내기 정책으로 일관한 당연한 결과입니다.

따라서 문재인 정부는 혈세만 낭비하는 사탕발림의 포퓰리즘 정책이 아닌, 이해 당사자들이 피부로 체감할 수 있는 보다 현실적이고 실질적인 대책을 마련해야 합니다. 이를 위해 무엇보다도 중요한 일은 저출산·고령사회 문제 해결을 위한 예산 확보입니다. 영국, 프랑스 등 선진국은 GDP의 4%를 저출산·고령사회 문제 해결을 위한 예산으로 쓰고 있습니다. 반면 우리나라는 이들 나라의 4분의 1 수준에 불과한 1%의 예산을 쓰고 있습니다.

여기에 프랑스처럼 '육아와 교육은 정부가 모두 책임진다.'는 정부 당국자들의 획기적인 인식의 전환이 있어야 합니다. 국가의 미래 청사진이 제 아무리 아름답고 화려하다 해도 '저출산과 고령사회' 극복 없는 대책이라면, "빛 좋은 개살구"일 뿐입니다.

'졸혼' 시대

행복한 결혼생활에서 중요한 것은
서로 얼마나 잘 맞는가보다 어떻게 다른 점을 극복해 나가냐이다.

〈톨스토이〉

'일부일처'의 결혼 제도는 인류가 개발한 뛰어난 발명품 중 하나라고 합니다. 그런데 인류에게 만약 이 같은 일부일처의 결혼 제도란 발명품이 없었다면, 사자나 호랑이 등 맹수들처럼 자신의 DNA를 가진 후손을 남기기 위한 방편으로, 아마도 암컷을 차지하기 위해 피 터지는 치열한 경쟁을 했을지도 모르겠습니다. 그러나 현명한 인류는 결혼 제도란 발명품 때문에 이를 통해 자신의 DNA를 계속 유지시켜 나가고 있는 셈입니다.

결국 인간은 성년이 되면 살아온 삶과 환경이 전혀 다른 남녀가 만나 결혼이란 의식을 통해 부부로서 연을 맺습니다. 그리고 자식을 낳고 한평생 생사고락을 같이 합니다.

얼마 전 한 TV 방송을 통해 77년을 해로한 어느 노(老) 부부를 보면서 한편으로는 부럽기도 하고 한편으로는 의아(?)하기도 했습니다. 부럽다는 의미는 77년을 서로 의지하며 지금까지 건강하게 살아온 사실 때문이고, 의아한 까닭은 솔직히 어떻게 한 남자와 한 여자가 결혼해서 77년을 변함없이 살 수 있었을까 하는 의문 때문입니다.

시대가 복잡다단해지고 삶이 팍팍해지면서 결혼에 대한 회의와 함께 결혼 풍속도 빠르게 변화하고 있습니다. 과거에는 성년 남녀의 삶에서 결혼은 피해 갈 수 없는 필수사항이었습니다. 그러나 요즘 젊은 세대들에게 결혼은 선택사항(?) 정도로 가볍게 여기는 경향이 팽배해 있습니다. 여기에 60~70대 이상 노년층에 '황혼 이혼' 대신 '졸혼(卒婚)'이란 새로운 결혼 풍속까지 등장해 세인들의 주목을 받고 있습니다.

'황혼 이혼'이란 말은 1990년대 초반에 생긴 신조어입니다. 말 그대로 20년 이상 결혼생활을 유지해 온 50대 이상 부부가 남남으로 갈라서는 것을 의미합니다. 이 같은 황혼 이혼은 일본 불황기에 퇴직자들이 부인으로부터 이혼소송을 당하는 경우가 많았을 때 등장했습니다. 좁게는 60~70대의 이혼을 뜻하기도 하지만, 넓게는 자녀가 출가, 또는 대학 진학 후 이혼하는 경우를 포함하기도 합니다.

반면 '졸혼'이란 규정에 따라 소정의 어느 과정을 마치는 '졸업'처럼, 이혼이 아닌 '결혼을 졸업했다'는 의미입니다. 즉, 결혼한 지 오래된 부부가 혼인 관계는 그대로 유지하면서 남편과 아내로서의 의무와 책임에서 벗어나 따로따로 여생을 자유롭게 사는 것을 말합니다. 즉, 각자도생의 삶을 사는 것입니다.

이 같은 졸혼은 2004년 일본 작가 스기야마 유미코가 『결혼을 권함』이란 책을 출판하면서 일반 대중에게 널리 알려지기 시작했습니다.

졸혼 후 같은 집에 살기도 하지만, 아예 별거해 따로 사는 부부도 있습니다. 그렇더라도 대개는 좋은 관계를 유지하며, 정기적으로 만나기도 하고, 그동안 자녀를 양육하느라, 직장생활을 하느라 누리지 못한 자신만의 자유 시간을 갖는 것입니다.

특히 졸혼은 각자의 사생활이나 취미 활동 등을 상호 존중하기 때문에 싱글과도 같은 삶을 누릴 수 있어 이혼이나 별거의 경우처럼 서로에 대한 적대적 관계에서 벗어날 수 있습니다. 결혼이란 틀을 깨지 않고 부부가 각자 자유롭게 생활할 수 있다는 점에서 요즘 노년층 부부 사이에 졸혼이 늘고 있는 추세입니다. 이 같은 졸혼이 이제는 TV 드라마에서조차 자연스런 주제로 등장하고 있고, 졸혼을 선언한 연예인들도 있어 사회적 변화를 실감하게 합니다.

그러나 결혼이란 신성한 것인데, 이를 지나치게 희화화(戱畫化)한다는 지적도 있습니다. 그런데 한 번 사는 인생, 그동안 누리지 못한 작은 행복을 인생 말년에라도 스스로 찾아 누릴 수 있다면, 졸혼을 사시(斜視)로 바라볼 것이 아니라, 새로운 사회 풍속으로 인정하고 존중해야 하지 않을까 싶습니다.

여론 주도하는 SNS의 '두 얼굴'

모든 소문은 위험하다.
좋은 소문은 질투를 낳고, 나쁜 소문은 치욕을 가져온다.

〈토마스 플러〉

전 세계적으로 스마트 폰 보급이 확대되면서 이와 함께 트위터나 페이스북 등 소셜 네트워크 서비스(SNS) 이용자 수 또한 기하급수적으로 증가하고 있습니다. 그리고 기업, 사회단체는 물론 개인들도 SNS를 활용하여 다양한 홍보 활동을 하고 있어, SNS는 이미 우리 사회의 여론과 정보 흐름을 주도하는 중심축이 되고 있습니다.

DMC(Digital Media Center) 보고서에 따르면 2017년 상반기 기준으로 페이스북과 인스타그램, 트위터 등 SNS 월 이용자 수(MAU: Monthly Active Users)는 이미 30억 명을 돌파했습니다. 이는 전 세계 인구(약 75억 명)의 40%에 달하는 것입니다. 세계 인터넷 사용 가능 인구가 약 30억 명이란 사실을 감안한다면,

SNS 사용자 규모가 얼마나 방대한지를 단적으로 보여주는 수치라고 할 수 있습니다.

이 같은 SNS는 실시간으로 정보 공유가 가능하고 빠른 전파력은 물론, 시공간적 한계를 뛰어넘어 다양한 사람들과 관계를 맺고 소통할 수 있는 순기능과 장점을 갖고 있습니다. 그리고 다양한 의견, 경험 등을 서로 교환하며 여론을 형성하고 주도하는 플랫폼 역할도 할 수 있습니다.

묻히기 쉬운 소수의 목소리 공론화도 가능합니다. 그 결과 SNS는 튀니지에서 시작된 재스민 혁명(시민 혁명)에 불을 지펴 민주화에 목말라 있던 이웃 인접 중동 국가들은 물론 중국에까지 민주화의 열기가 들불처럼 번져 나가도록 했습니다.

그러나 SNS는 순기능 못지않게 역기능 또한 만만치 않아 사회 문제가 되고 있습니다. 그런데 SNS는 정확성보다는 신속성 · 속보성에 바탕을 두고 있기 때문에 가짜 정보에 대한 사실 확인이나 검증이 매우 어렵습니다. 이 같은 SNS는 멀리 있는 낯선 사람들과는 활발하게 서로 소통하면서 친구가 되지만, 정작 가까이 있는 가족이나 친지들과는 오히려 대화를 단절시키는 소통 부재의 역할을 하기도 합니다. SNS의 이중성의 적나라한 또 다른 모습입니다.

또 자신의 주장을 관철시키기 위해 상대방에 대한 무차별적 인신공격은 물론 근거 없는 루머나 괴담을 사실인양 유포시켜 사생활을 침해해, 사이버 공간에서의 또 다른 폭력 도구로 악용되고 있습니다.

막을 내린 평창 동계 올림픽에서도 경험했듯이, 일부 누리꾼들의 SNS를 통한 여자 팀 추월 선수들에 대한 무차별적인 악플 달기와 마구잡이식 루머 퍼 나르기는 ICT 강국의 국격을 떨어뜨리고, 위상마저 훼손시켰습니다.

SNS 중독 또한 심각한 수준입니다. 시카고 대학 윌하임 호프만 교수팀이 독일 위르츠버그 거주 성인 250명을 대상으로 실험한 결과에 따르면 페이스북과 트위터 등 SNS와 문자 메시지 등에 대한 지나친 사용이 술이나 담배 중독성보다 더 강한 것으로 나타났습니다.

그뿐만이 아닙니다. 개인 신상 정보를 악용한 보이스 피싱과 같은 신종 범죄 역시 나날이 지능화·첨단화하고 있습니다. 이같은 범죄로부터 스스로를 보호하기 위해서는 자신의 일정이나 휴가일 등을 SNS 상에 자랑삼아 자세히 밝히지 않도록 하고, 비밀 번호 역시 주기적으로 변경해야 합니다. 또한 백신 프로그램을 자주 업데이트하고 악성 코드 감염 여부도 수시로 점검

해야 합니다.

 그러나 더 중요한 일은 이제부터라도 우리 사회가 ICT 강국으로서의 자긍심을 가지고 조금 더 차분한 마음가짐으로 성숙해질 필요가 있습니다.

 실제로 SNS 상에서 나쁜 콘텐츠를 생산하는 세력은 전체 이용자의 1%도 되지 않습니다. 이를 이해관계가 얽힌 일부 몰지각한 누리꾼들이 여기저기 퍼 나르고, 악의적인 댓글을 달아 여론을 왜곡하고 호도하는 것입니다. 때문에 SNS가 우리 사회의 괴물이 되느냐, 아니면 사회의 공기(公器)로서 또 다른 역할을 할 수 있느냐는 이를 이용하는 누리꾼들 손에 전적으로 달려 있습니다.

 따라서 명실상부한 ICT 선진국으로 거듭나기 위해서는 SNS 내에서 '악(惡)플'보다는 '선(善)플' 달기를 적극 권장하고, 무분별하게 확산되는 가짜 정보들을 거를 수 있는 여과 장치 마련이 필요합니다.

 그리고 SNS가 괴소문이나 일방적인 주장으로 인해 증오와 갈등을 키워 사이버 공간의 평화를 깨는 일이 없도록, 성숙된 누리꾼 문화 정착을 위한 자발적인 자정(自淨) 노력도 병행돼야 합니다.

김영란법의 '딜레마'

법은 거미줄 같아서 작은 파리는 잡지만,
말벌 같은 큰 놈은 빠져 나간다.

〈조너선 스위프트〉

'**부정** 청탁 및 금품 수수의 금지에 관한 법률',
일명, 김영란법이 우여곡절 끝에 통과돼 시행되고 있습니다.
선물 가격이 5만 원으로 제한되면서 한우나 굴비, 화환 등의 선
물은 불가능해졌다며 관련 농가들은 반발하고 있습니다.

식사 대접 상한액이 3만 원으로 정해지면서 요식업계는 물론
주류업계까지 불만의 목소리를 내고 있습니다. 그러나 이 정도의
수준을 가지고 경제 위축 운운하는 것은 그동안 대한민국이 뇌물
공화국이었음을 단적으로 입증하는 것이란 주장도 있습니다.

2011년 제안된 김영란법이 지난 5년여를 거치면서 헌 누더기
가 돼, 큰 힘을 발휘하지 못할 것이란 우려의 목소리도 높습니
다. 적용 대상에 공무원과 사립학교 교직원, 언론인들은 포함

돼 있지만, 정작 힘 있는 국회의원이나 변호사 등은 제외돼 있기 때문입니다.

그런데 국제사회에서 대한민국은 여전히 부패공화국입니다. 국제투명성기구(TI)의 '2016년 기준 국가별 부패인식지수' 발표 결과를 보면, 한국은 100점 만점에 53점으로 전년도 대비 3점 하락했으며, 전체 176개 조사 대상국 중 52위로 15계단이나 추락했습니다. 학점으로 따지면, 'F'로, 완전 낙제 점수입니다.

아시아에서 가장 청렴한 국가는 싱가포르로 84점을 받아 7위에 올랐고, 일본은 72점으로 20위를 차지했습니다. 경제협력개발기구(OECD) 35개 회원국 중에서도 우리나라는 29위로 2015년 27위 보다 2단계나 하락했습니다. 세계 12위의 경제력에 비해 부끄럽기 짝이 없는 국가 투명성 성적표입니다.

청소년들의 반부패 윤리 의식은 더 더욱 우려스런 상황입니다. 2013년 발표된 청소년 인식 조사를 보면 "부정한 입학이나 취업 제안을 거절할 것"이라고 응답한 청소년은 46%로 과반수에도 채 못 미칩니다. "정직하게 사는 것보다는 거짓말을 하거나 불법을 통해서라도 부자가 되는 것이 중요하다"고 응답한 청소년은 40.1%로, 이는 성인 응답자의 31%보다도 더 높은 수치입니다.

이것은 어쩌면 미래의 주역인 청소년들의 거울이 돼야 할 어른들이, 투명하지 못하고 온갖 부정과 비리의 온상으로 비춰진 당연한 결과입니다. 더욱 심각한 문제는 부패 국가로 인식되면 국격 훼손은 물론 해외 자본 유치가 어렵게 되고 자국 기업이 해외로 진출할 때도 불이익을 당하게 된다는 사실입니다.

그럼에도 불구하고 여전히 기업 총수들은 로비를 위해 비자금을 조성하고 분식 회계를 통해 영업성과를 조작합니다. 그런데 기업 총수들이 각종 부정과 비리를 저질러도 국가 경제 발전에 기여했다는 이유 같지 않은 이유로 솜방망이 처벌을 받습니다. 설령 운 나쁘게(?) 재판을 통해 실형을 받는다 해도 일반 재소자들은 상상도 할 수 없는, 황제 수감생활을 합니다.

정치인이나 고위 공직자들도 예외가 아닙니다. 수천만 원에서 수억 원을 받아도 정치 자금, 또는 떡값이란 명목으로 면죄부를 받는 일이 비일비재합니다.

법은 있으되 전혀 힘을 발휘하지 못하거나, 선별적으로 고위 지도층이나 재벌들은 비껴가고 힘없는 사람들에게만 법대로라면 정부나 사법부가 부정·부패를 스스로 조장하고 방조하는 셈입니다.

세계의 다양한 인종이 모여 사는 미국이 그런대로 별 탈 없이 초강대국으로 군림하고 있는 원동력은 법 집행이 공평주의에 충실해서입니다. 법은 무섭고 잘 지키면 이익이 되지만, 어기면 지위고하를 막론하고 손해가 된다는 손익 계산을 할 수 있도록 명백한 규정을 준수하고 있기 때문입니다.

따라서 우리 정부 역시 부정·부패 척결에 손발을 걷어붙이고 나서야 합니다. 김영란법에 대해 우려를 표명할 것이 아니라, 정부가 앞장서서 썩은 부위는 과감하게 도려내야 합니다. 다 썩었다면 독한 약이나 수술 처방 외에는 방법이 없습니다.

특히 법을 어기며 저지른 부정·비리는 국가를 망치고, 개인에게는 패가망신의 지름길이란 사실을 지위고하를 막론하고 국민 모두가 인식하도록, 법이 엄정하고 공평하게 집행되는 사회를 만들어야 합니다. 다음 후손들에게 이처럼 부정·부패가 만연한 나라를 그대로 물려 줄 수는 없습니다.

그런데 국민권익위원회는 청탁금지법(김영란법) 시행 겨우 1년 만에 기존의 식사·선물·경조사비의 상한액 중 경조사비를 5만원으로 내리고, 선물 중 농·축·수산물 구성 상품은 10만원으로 올리는 개정안을 통과시켰습니다.

농어민을 보호하기 위해서라지만, 부정부패가 여전히 만연하고 있는 현실에서 시행 1년 만에 개정된 청탁금지법이 제 역할을 제대로 할 수나 있을지 우려스럽습니다. 부정부패 때문에 망한 나라는 많아도, 부국(富國)이 되거나, 선진국이 된 예는 역사적으로 없기 때문입니다.

'먹거리' 수난 시대

인생에서 성공하는 비결 중 하나는
좋은 음식을 먹고 힘내서 싸우는 것이다.

〈마크 트웨인〉

조류 독감인 AI로 인해 한 동안 가격 파동을 겪은 달걀이, 다시금 살충제의 일종인 피프로닐 성분이 검출돼 각 가정은 물론 요식업계 모두에게 큰 충격을 주었습니다. 피프로닐 성분은 개, 고양이의 벼룩이나 진드기를 없애는 데 사용되는 살충제로 닭에게는 사용이 금지돼 있습니다. 그런데 닭과 달걀에서 DDT 농약 성분까지 검출돼 더 큰 충격을 주었습니다.

이 같은 살충제 달걀이 처음 발견된 곳은 아이러니하게도 선진국이라고 할 수 있는 벨기에와 네덜란드입니다. 피프로닐 성분이 검출된 달걀이나, 이 달걀로 만든 2차 제품이 유통되거나 유통 직전 발견된 국가는 우리나라를 포함해 19개국이나 됩니다. 그런데 살충제 달걀은 달걀을 이용한 2차 제품이 많기 때문에 문제가 더 심각하다고 할 수 있습니다.

　더 기가 막힌 일은 정부가 인증해 준 친환경 제품에서조차 살충제 성분이 발견돼, 그동안 건강을 염려해 비싼 돈 주고 사 먹은 국민들만 배신당한 꼴이 됐습니다. 제대로 검증도 하지 않은 채, 친환경 인증을 마구 남발한 정부의 책임이 큽니다.

　그동안 완전식품으로 알고 국민들이 즐겨 먹어 온 달걀들은 온전하고 안전했을까요? 국민들이 모르고 있거나, 막연하게 믿고 있을 뿐, 많은 문제점을 가진 먹거리 제품들이 지금도 버젓이 유통되고 있는 것은 아닐까요? 이런 까닭에 이것저것 따지다 보면 앞으로 무얼 먹고 살아야 할지 국민들은 걱정이 태산입니다.

　시시때때로 터지는 불량 · 부정 식품 사례는 손으로 꼽을 수조차 없을 만큼 많습니다. 불량 만두소, 불량 고춧가루, 불량 단무지, 불량 참기름, 수입산을 섞은 돼지고기, 돼지갈비, 그리고 수입산을 국산으로 원산지를 둔갑시킨 제품 등등…….

　국민들의 먹거리에서 이 같은 일들이 빈번히 발생하는 까닭은 정부의 무사안일과 땜질식 처방, 그리고 설령 적발되더라도 솜방망이 처벌에서 기인합니다. 악순환이 반복되고 있는 것입니다.

그런데 먹거리는 국민 생명과 직결되기 때문에 소홀히 취급되거나, 한시적인 처방으로 해결하고자 해서는 곤란합니다. 따라서 정부는 먹거리에 대한 관련법을 더욱 더 강화하고, 관리 감독 역시 철저히 해야 합니다. 특히 불량 · 부정 식품을 유통시킨 업자는 물론 관리 감독을 소홀히 한 정부 관계자들까지 함께, 일벌백계로 엄히 처벌해야 합니다.

국민들의 기본적인 먹거리 하나 제대로 해결 못하는 정부는 정부라고 말할 수 없습니다.

잔인한 댓글 문화

비난받지 않으려면, 남을 비난하지 마라.

〈예수〉

우리나라 전체 인구 중 포털 사이트를 이용하고 있는 인구는 대략 1300만 명 정도 되며, 이중에서 댓글을 다는 인구는 11만 명 정도로 1%가 채 못 됩니다. 그러나 악성 댓글의 폐해는 이미 위험 수위를 넘어 섰습니다. 특히 사이버 공간에서 막무가내로 악성 댓글이 양산되고, 댓글 조작마저 조직적으로 이루지고 있어 이에 대한 우려의 목소리 또한 높습니다.

악성 댓글이나 댓글 조작 사건이 사회적 핫 이슈가 되고 있는 주요 원인은 네이버·다음을 비롯한 포털 사업자들이 사회적 책임은 외면한 채 돈벌이에만 급급한 나머지, 뉴스를 '진열'하는, 독특한 방식을 채택하고 있기 때문입니다. 이 같은 형식을 취하는 까닭은 포털 방문자들이 댓글을 봐야 해당 사이트에 머무는 시간이 길어지고, 이를 기반으로 포털의 광고 수익을 더 많이 올릴 수 있기 때문입니다.

그러나 외국 유수 포털들은 대부분 '아웃 링크' 방식을 택하고 있습니다. 전 세계 검색 포털 점유율 90%를 자랑하고 있는 구글을 비롯한 러시아의 1위 포털 얀덱스, 중국의 바이두 등은 뉴스를 클릭하면 해당 언론사 사이트로 곧바로 연결되고 이곳에서 뉴스를 보도록 하는 구조로 돼 있습니다. 필요하다면 해당 언론사 사이트를 방문한 다음, 댓글을 달 수 있습니다.

그런데 포털 사업자들의 자본 논리 때문에 정치판의 부정과 부패가 조장되고, 여론의 왜곡이 시도 때도 없이 이루어진다면 이것은 민주주의를 파괴하는 또 다른 폭거입니다.

뿐만이 아니라 인터넷·게임 중독 등 사이버 중독, 익명성을 이용한 사이버 테러, 그리고 개인정보의 오·남용은 물론 저작권 침해 등 인터넷 역기능 또한 이미 한계를 넘어섰습니다.

사이버 공간에서의 찬·반에 대한 의사 표현이 악성 댓글 달기는 물론 신상 털기 등을 통해 무차별적으로 이루지고 있습니다. 확인이나 검증되지 않은 악성 댓글이나 신상 털기는 연예인 등 생사람 여럿을 이미 죽음으로 몰아넣었고, 사자(死者)의 명예마저 무차별적으로 짓밟아 버렸습니다.

'라면 상무 사건', '남양유업 직원 욕설 파문 사건', 그리고 '윤

창중 청와대 전 대변인의 성 추문 사건' 때도 당사자들의 신상과 얼굴이 인터넷 상에 무차별적으로 공개돼 사생활 침해 논란이 뜨거웠습니다. 그런데 이 같은 사례는 셀 수조차 없이 넘쳐 나고 있습니다.

뉴욕 타임즈가 2008년 10월 3일 최진실 씨 자살 사건을 전한 기사의 제목을 **"웹 루머가 한국 여배우를 자살하게 만들었다."** 로 할 만큼 한국은 세계에서 온라인 커뮤니티가 가장 활성화돼 있는 반면, 자살률 또한 가장 높은 나라이기도 합니다.

그런데 악성 댓글이나 신상 털기 등은 퍼 나르는 데만 집중돼, 당사자만 애꿎은 피해를 당하기 일쑤고 피해를 구제 받을 수 있는 방법 또한 현재로선 마땅치 않습니다. 그렇다고 사이버 공간에서의 표현의 자유가 위법성이나 개인 사생활 침해와 상관없이 무한정 보장되고 보호되어야 하는 것은 아닐 것입니다.

그러나 지금 누리꾼들은 인터넷 익명성의 보호막 속에서 쾌락과 향락의 절정은 물론 죽음 등 극단을 추구하면서 하고 싶은 말들을 무차별적으로 토해 내고 있습니다. 자신과 조금만 의견이 달라도 막무가내로 욕설을 퍼붓고 흑백 논리로 편을 가르며, 마녀 사냥식 집단 공격이 이미 보편화돼 있습니다.

더 심각한 문제는 청소년들이 사이버 상에서의 이 같은 일탈 행위를 전혀 '범죄'로 인식하지 못한 채, 악성 댓글을 달고 해킹을 하고 있다는 사실입니다. 결국 인터넷의 역기능 속에 세계화의 주역이 돼야 할 청소년들이 아무런 대책 없이 사이버 공간에 버려진 채 영혼이 병들고 망가지고 있는 셈입니다.

따라서 청소년들이 정보화 소양을 갖추고 자율적, 창의적, 도덕적인 인간으로 성장할 수 있도록, 그리고 인터넷 역기능에 적절히 대처할 수 있도록 인터넷 윤리 교육 강화가 절실히 필요합니다.

대학에서는 이미 인터넷 윤리교육의 필요성을 절감하고 정규 과목으로 채택하고 있는 현실에서 인터넷 윤리 교육이 절대적으로 필요한 초·중등학교에서는 재량 활동 활용만을 고집한다는 것은 한 마디로 어불성설입니다. 따라서 초등학교 인터넷 윤리 과목을 필수로 지정하고 전문적으로 인터넷 윤리를 가르칠 수 있는 지도 교사도 함께 양성해야 합니다.

그리고 국내 포털사이트 사업자들 또한 기업의 이윤 추구도 좋지만, 더 늦기 전에 여론을 조작하고 호도할 수 있는 조직적인 악성 댓글을 예방할 수 있도록 적극적인 역할과 책임을 다해야 합니다.

물론 이번 드루킹 댓글 조작 사건을 계기로 네이버에서는 한 기사에 대한 댓글 수를 제한하고 댓글 다는 시간 간격을 두는 등 개선책을 내놓았지만, 여론의 소나기를 잠시 피하가기 위한 미봉책일 뿐, 근본적인 대책은 못 됩니다. 여러 가지 방법을 이용해 ID를 무한정 생성해 댓글을 달 수 있기 때문입니다.

따라서 전면적으로 아웃 링크 시스템을 도입하고, 악성 댓글이나 댓글 조작 등으로 인한 피해자들이 발생할 경우 적극적으로 보호할 수 있는 체계를 갖춘, 보다 더 효과적이고 실질적인 대책을 내놓아야 합니다.

인터넷 공간이 불필요한 쓰레기 정보나 조작된 댓글들로 넘쳐 난다면 기업 이미지 훼손은 물론 자유도, 민주주의도 기대할 수 없다는 사실을 곱씹고 또 곱씹었으면 좋겠습니다.

산업스파이와 불사오적

> 사람이 첫째로 주의해야 할 것은 자기 자신의 불명예를
> 피하는 것이고, 그 다음은 세상의 비난을 피하는 것이다.
>
> 〈에디슨〉

반도체, LCD, 휴대전화, 조선 산업 등 다양한 분야의 관련 기술 들이 산업스파이에 의해 해외로 유출되고 있어 심각한 사회 문제가 되고 있습니다. 그런데 산업스파이의 첨단 핵심 기술 유출 기법은 나날이 진화하면서 첨단화·지능화되고 있습니다.

경쟁사 임직원 매수, 스카우트 등 고전적 방식은 물론, 외국계 컨설팅 회사가 자문을 의뢰한 업체의 내부 정보를 빼돌리거나, 외국인 연구원이 우리나라 핵심 기술을 자국에 넘겨주는 사례도 빈번하게 적발되고 있습니다.

그런데 경쟁력 유지에 절대 필요한 첨단 기술의 불법 해외 유출은 국가 경제와 기업 경쟁력에 심각한 손실은 물론 국가와 해

당 기업의 신인도에도 적잖은 영향을 미칠 수 있다는 점에서 우려의 목소리가 높습니다.

국정원 산하 산업기밀보호센터는 2005년부터 2011년까지 7년 동안 국내첨단기술을 해외로 불법 유출했거나, 유출을 기도한 사건 264건을 적발하였다고 발표했습니다. 연도별로 보면 2005년 29건, 2006년 31건, 2007년 32건, 2008년 42건, 2009년 43건, 2010년 41건, 그리고 2011년 46건 등으로 매년 증가하고 있습니다.

그리고 지난 7년 간 기술 유출 발생 분야별 현황을 보면 전기 · 전자가 75건(37%)으로 가장 많았고, 정밀 기계 55건(27%), 정보통신 32건(15%), 정밀화학 18건(9%), 생명공학 6건(3%) 순이었습니다. 기술 유출의 주체는 전직 직원에 의한 사례가 127건(62%), 현직 직원에 의한 사례 34건(17%), 협력 업체 26건(13%), 유치 과학자 5건(2%), 그리고 투자업체 1건(1%) 등입니다.

산업스파이의 기술 유출 동기는 개인의 영리를 위해서가 125건(61%)로 가장 많았고, 금전적 유혹이 41건(20%)으로 다음을 차지했습니다. 그밖에 인사 불만 16건(8%), 처우 불만 13건(6%) 등이 그 뒤를 이었습니다.

더욱더 심각한 문제는 산업스파이들의 의식입니다. 산업스파이로 적발된 대부분의 경우 범법 사실을 인정하지 않는다는 것입니다. 이들은 대부분 "내가 개발한 기술을 내가 조금 이용한 것이 무슨 문제가 되느냐?"는 식의 태도를 보입니다. 즉, 자신의 기술을 자신이 활용한다는 생각에서 국가적 · 기업적 손실을 전혀 인식하지 못하고 있는 것입니다.

그리고 산업스파이 단속 근거가 되는 '부정경쟁방지 및 영업비밀보호법'과 '산업 기술의 유출 방지 및 보호에 관한 법률' 등의 현실에 맞지 않은 처벌 규정도 산업스파이 양산에 한몫을 하고 있다는 지적도 많습니다.

산업기술의 유출 방지 및 보호에 관한 법률에서는 "해외로 기술을 유출한 자에 대하여 10년 이하의 징역 또는 10억 원 이하의 벌금에 처한다."로 엄중하게 규정돼 있지만, 적발되더라도 대부분 솜방망이 처벌에 그치고 있습니다. 기술 유출 사범 10명 중 7~8명은 법정에 서지 않고 있기 때문입니다.

수십억 원에서 많게는 수천억 원을 들여 개발한 첨단 기술이 유출되면 기업의 근간이 흔들릴 수 있기 때문에 선진국들은 정부 차원에서 관련법들을 강화하고 있습니다.

외국 기업에 의한 자국 기업의 인수 합병 통제, 특정 국가 출신 외국인 과학자 기술 개발 참여 제한 등 첨단 기술 보호에 온 힘을 다하고 있습니다. 일본의 경우 특허법, 의장법, 상표법, 실용신안법 등에 징역과 벌금을 동시에 부과할 수 있는 병과 규정을 두어 지적재산권 침해에 철저히 대비하고 있습니다.

우리나라 역시 더 늦기 전에 산업스파이에 의한 첨단 기술의 해외 유출을 막기 위해서는 관련법을 현실에 맞게 재정비하고 연구원들에 대한 '윤리실천강령'도 만들어 도덕 및 윤리 의식을 고취해야 합니다.

국가나 기업의 핵심 기술이 해외로 유출된 후, 사후 대응이나 대책은 '사후 약방문'으로 별 의미가 없기 때문에, 기술 유출 예방책을 먼저 강구해야 합니다. 이를 위해 연구 개발자에 대한 충분한 포상 및 보상을 위한 법적 근거를 마련해야 합니다.

영업 비밀을 취급하던 피고용인에 대한 일정 기간 동업종으로의 이직 금지, 획기적 신고 포상제도도 도입해야 합니다. 그리고 미국의 '1996년 경제스파이법' 위반 사례와 같은 함정 수사의 제도화 등도 고려할 필요가 있습니다.

그러나 무엇보다도 더 중요한 일은 산업스파이는 을사오적보다 더 나쁜 매국적 행위라는 사실을 정부는 물론 산업 현장의 연구 개발자 모두 인식하는 일입니다.

나라를 팔아먹으나, 타국에 신기술을 팔아먹으나 '매국'이기
는 마찬가지이기 때문입니다.

'멍 때리기'가 필요한 현대인

노동 뒤에 휴식이야말로 가장 편하고 순수한 기쁨이다.

〈칸트〉

세상이 하루가 다르게 변하고 복잡해지다 보니 이런 저런 특이한 사회적 이슈들이 세인들의 관심을 끌고 있습니다. 그 가운데 하나가 바로 '멍 때리기'입니다. 멍 때리기란 한 마디로 "아무 생각 없이 멍하니 있다."를 의미하는 속어로, "정신이 나간 것처럼 한눈을 팔거나, 넋을 놓은 상태"를 말합니다.

그런데 현대인들이 빠른 속도와 경쟁 사회로 인한 스트레스로부터 벗어나기 위한 체험을 목적으로, 2014년부터 우리나라를 비롯해 세계 곳곳에서 멍 때리기 대회가 개최되고 있어 이채롭기까지 합니다.

이 같은 멍 때리기에도 '좋은 멍 때리기'와 '나쁜 멍 때리기'가 있습니다. 멍 때리기의 좋은 점은 바로 뇌를 쉬도록 하는 것입니다. 우리가 살아가는 내내 정말 쉬지 않고 열심히 일하는 뇌에게 잠깐의 휴식 시간을 주는 것입니다.

'멍 때리는 시간'을 갖다 보면 복잡했던 머리가 정리되면서 안 풀리던 일들의 실마리가 보이기도 하고 좋은 아이디어가 떠오르기도 합니다. 그리고 좋은 멍 때리기는 잠깐 멍 때리기 때문에 짧고 단순하며, 교감 신경을 안정시켜 스트레스를 완화시켜 주는 효과도 있습니다.

반면에 나쁜 멍 때리기는 부정적인 생각들이 꼬리에 꼬리를 물어 우울, 불안 등의 나쁜 생각에서 헤어나올 수 없도록 만들어 버립니다. 예를 들어, 누워 있는데 갑작스럽게 '흑(黑) 역사'가 떠오르는 경우 등입니다.

이 '흑 역사' 또는 과거의 수치심을 느낀 경험, 안 좋은 기억들이 부정적인 감정과 함께 떠오르게 됩니다. 이 나쁜 기억은 끝도 없고, 해결책도 없습니다. 대신 계속해서 나쁜 것들을 생각하기 때문에 감정만 소모될 뿐입니다. 그 결과 마침내는 자기연민, 자기 부정 등등, 정신 질환으로까지 발전하기도 합니다.

일부 정신과 의사들은 끊임없는 자극이 뇌에 밀려들어 뇌를 피곤하게 만드는 요즘 같은 세상에 '멍 때리기'는 효과적인 뇌의 휴식 방법이라고 멍 때리기를 예찬하기도 합니다.

『멍 때려라』의 저자인 신동원 교수는 멍 때리기는 효율적인 뇌의 재정비 수단이라고 말합니다. 그는 "뇌는 휴식을 통해 정보와 경험을 정리하고 불필요한 정보는 과감하게 삭제하여 새로운 생각을 채울 수 있는 여백을 만드는데, 현대인의 머리는 휴식할 시간이 없다."면서, "신경증적인 불안감이 24시간 SNS에 접속하게 하는 등, 무언가를 찾아 헤매게 만들고 있지만 정작 새로운 아이디어를 창조하는 데 필수적인 재정비의 시간을 희생시키고 있다."고 주장하고 있습니다.

사실 오늘날 현대인들의 뇌는 잠시도 쉴 틈 없이 일하고 있습니다. 그 과정에서 불필요한 정보는 물론 쓸데없는 고민, 걱정거리를 뇌에 한 가득 채우게 됩니다. 때문에 뇌는 늘 과부하 상태에 놓이게 됩니다. 이 같은 뇌의 상태를 멍 때리기를 통해 필요에 맞게 재정리하고, 불필요한 정보들을 과감히 삭제해, 새로운 생각을 채울 수 있는 공간을 만들 수 있다는 점에서 긍정적으로 볼 수도 있습니다.

그러나 이 같은 멍 때리기 예찬에 대한 반론도 만만치 않습니다. 스웨덴의 인지신경과학자인 토르켈 클링베리 교수는 사람의 뇌가 한꺼번에 여러 가지의 정보를 저장하려고 하면 인간의 뇌는 그냥 멍한 상태가 된다고 합니다.

즉, 과잉 정보, 역할 과부하 상태에 시달리는 현대인들의 뇌는 늘 멍해지기 쉬운 조건에 놓여 있다는 것입니다. 따라서 멍 때리기는 여전히 정보를 처리하고자 애쓰는 상태로, "푹 자고 싶다고 했더니, 잠깐 졸아도 된다."고 대답하는 것과 같다고 주장합니다.

멍 때리기를 예찬하든, 부정하든 현대인들의 뇌가 혹사당하고 있는 것만은 부인할 수 없는 사실입니다. 매일 매일 그 양을 가늠할 수 없을 만큼 쏟아지고 있는 각종 자료나 정보, 그리고 이제는 괴물(?)로 변해 버린 인터넷, 스마트 폰, SNS 등등……. 때문에 혹사당하고 있는 뇌를 잠시라도 쉬게 하는 방법을 강구하는 것은 현대인들에게는 지극히 당연한 일입니다.

그런데 나쁜 멍 때리기를 좋은 멍 때리기로 바꾸는 방법은 먼저 멍 때리기를 하나의 '정보'로 인식하는 것입니다. 특히 지금 나쁜 멍 때리기를 하고 있다면, 이를 멈출 수 있는 명상과 같은, 집중이 필요한 일을 해보는 것도 하나의 방법입니다.

이래저래 멍 때리기는 현대인의 뇌를 쉬게 할 수 있는 특별한 방법임은 의심할 여지가 없어 보입니다.

인간생상, 노벨상

끊임없이 떨어지는 물방울이 바위에 구멍을 낸다.

〈루크레티우스〉

우리나라는 지난 2000년 김대중 전 대통령이 노벨 평화상을 수상한 바 있지만, 물리, 화학, 생리·의학, 문학, 그리고 경제학상은 여전히 낯선 불모지로 남아 있습니다.

그동안 고은 시인이 여러 해 동안 노벨 문학상 후보로 거명돼 왔으나, 아직까지 종무소식입니다. 그런데 최근 '#미투(ME TOO)' 운동과 함께 고은 시인의 과거 성추행 행적이 만천하에 폭로되면서 노벨 문학상 수상에 대한 꿈도, 기대도 물거품이 되었습니다.

반면 이웃 일본은 자연 과학 분야에서만 20명의 수상자를 배출했습니다. 여기에 문학상과 평화상 등을 포함하면 2107년까지 23명이나 노벨상을 수상했습니다. 한·일 간의 노벨상 수상 격차는 23:1로, 대한민국의 노벨상 수상 성적표는 참으로 초라

하고 부끄럽기조차 합니다.

그러나 이는 어쩌면 당연한 결과인지도 모릅니다. 일본 정부는 이미 1990년, '50-30 프로젝트'를 구축하고 50년 동안 기초과학 분야에서 30명의 노벨상 수상자를 배출한다는 야심찬 계획을 세운 바 있습니다. 그리고 연구개발에 국민총생산의 2%를 매년 투자하고, 이중 40%를 기초과학연구에 지원하고 있습니다. 세계 최고 수준입니다.

그뿐만이 아닙니다. 일본은 1985년 이후 지금까지 1만 5천여 개의 기초과학연구소를 세우고 투자를 꾸준히 해왔습니다. 이 같은 기초과학 분야에 대한 과감하고 지속적인 투자가 결국 일본이 세계 최고 수준의 기술을 갖게 된 원동력으로 작용하면서, 그 결실을 차근차근 맺고 있는 것입니다.

그러나 우리나라의 현실은 참담합니다. 현재 4년제 대학만 200개가 넘습니다. 그동안 대학들은 양적 팽창에 급급한 나머지, 실력 있는 학생들을 양성하기보다는 그저 고만고만한 학생들을 국화빵 찍어내듯 찍어내고 있는 공장일 뿐입니다. 학문 연구는 뒷전이고 취업 양성소가 된 지도 이미 오래입니다.

교수들의 연구비 역시 몇몇 유수 대학 교수들이 싹쓸이하고 있습니다. 연구비를 받는다 해도 알맹이 없는 일과성 논문 한

편 쓰면 그만입니다. 구조적으로 장기간에 걸친 심도 있는 연구 성과를 기대할 수 없는 구조입니다.

그리고 당장의 연구 성과만을 중시한 채 국가 차원에서의 기초 과학 육성 의지 역시 소극적이며, 연구 대학 육성에 대한 비전도 전략도 형식적입니다. 특히 정권이 바뀔 때마다 대학 구조개혁을 외쳐 댔지만 누구를 위한, 무엇을 위한 대학 구조개혁인지 조차 불분명한 채, 늘 용두사미로 끝났습니다.

그리고 단 한 번의 수학 능력 시험을 통해 성적순으로 학생들을 줄 세우고, 미래 인생의 진로가 결정하는 나라는, 동서고금을 통틀어 대한민국이 거의 유일무이할 것입니다.

초·중등학교의 모든 교육이 개성이나 적성은 무시된 채, 대학입시를 위한 과정쯤으로 인식되고 있습니다. 때문에 오직 점수 따기 교육, 수요자보다는 공급자 중심 교육, 그리고 여전히 자율보다는 규제 일변도의 관치 교육 정책이 횡행하고 있습니다.

이공계 이탈 현상은 물론 고급 두뇌 해외 유출도 매우 심각한 수준입니다. 이런 까닭에 현재와 같은 입시제도와 대학 풍토 속에서는 앞으로 100년이 가도 노벨상을 받을 수 없을 것이라는 것이, 정설 아닌 정설입니다.

그렇다고 손 놓고 비관만 할 일은 아닙니다. 세계 시장에서 초일류 제품과 초일류 기업만 살아남듯이 우리 역시 더 늦기 전에 제로베이스(zerobase) 상태에서 노벨 과학상 수상을 위한 장기적이고 구체적인 대책 마련이 필요합니다.

이를 위해 수학능력시험을 '대학입학자격시험'으로 바꿔야 합니다. 그리고 교육 소비자에게는 '학교 선택권'을, 교육 공급자에게는 '신입생 선발권'을 돌려주고, 교육의 질과 경쟁력을 높이기 위한 특단의 지원책을 강구해야 합니다.

특히 수학능력시험의 성적순이 아니라, 기초 과학 분야 별로 재능과 능력이 뛰어난 어린 인재들을 조기에 발굴하여 국내외에서 가장 우수한 과학자들을 초빙, 이들을 전담 지도하도록 해야 합니다. 그리고 최신 실험 실습 장비를 갖추는 등 국가적 차원에서의 집중 투자가 필요합니다. 대학의 경쟁력이 곧 국가의 경쟁력이고, 대학은 연구 개발(R&D)의 산실이자 인력 양성의 요체인 까닭입니다.

정부 요직에 이공계 출신 일정 비율 의무 임용, 우수 과학 인력의 정년 연장, 성과 중심 보상 체계 강화, 퇴직 과학 인력 지원 확대, 연금 수혜율 제고 등 다양한 지원책을 법제화하여 이공계를 우대해야 합니다.

그래서 우리도 어느 해 시월에는 당당히 노벨상 수상자를 내야 합니다. 결코 불가능한 꿈은 아닙니다.

'에코 세대'의 슬픈 자화상

인생은 전쟁이고, 나그네의 행로이다.

〈아우렐리우스〉

'에코 세대(Echo-Boom Generation)'란 1955년에서 1963년 사이에 태어난 베이비붐 세대(1955~1963년)의 자녀들을 지칭합니다. 즉, 1979년에서 1992년 사이에 태어난, 요즘의 20, 30세대에 해당하는 젊은이들을 말합니다.

한국전쟁 이후 태어난 베이비붐 세대가 '메아리(echo)'처럼, 다시 출생 붐을 일으켜 태어났다는 의미에서 '에코 세대'라 부르고 있습니다. 현재 에코 세대는 전체 인구의 20퍼센트를 넘고 있습니다.

이 같은 에코 세대는 풍족한 환경에서 자라면서 유행에 민감하고, 컴퓨터와 IT에 능하며, 쇼핑을 좋아하는 반면, 학자금 대출이나 취업난 등으로 사회 진입에는 어려움을 겪고 있기도 합니다. 따라서 에코 세대를 달리 '삼포세대(三抛世代)'라고 부르기도 합니다. 이들이 취업난으로 인해 '취업 · 결혼 · 출산'을 포기했기 때문입니다.

메킨리글로벌연구소는 에코 세대를 '암울한 세대'로 달리 부르고 있습니다. 아무리 노력해도 취업난과 주거비용, 고공 행진하는 물가, 젊어서 많이 내고 늙어서 적게 받는 연금 구조 등으로, 미래가 암울하기 때문이라는 게 그 이유입니다.

2013년 한국보건사회연구원의 '우리나라 세대별 자살 특성 분석 보고서'에 따르면 에코 세대의 자살률(10만 명당 자살 사망자) 또한 심각합니다. 2001년 4.8명 수준에서 2011년 24.5명으로, 10년 사이에 무려 5배나 자살률이 증가했습니다. 에코 세대에 속하는 청소년 8.8%가 1년 동안 적어도 한번은 "자살하고 싶다"는 생각을 해봤다는 통계도 있습니다. 이같이 에코 세대의 자살률 급증 원인은 2007년 이후 학자금 대출에 따른 신용 불량자 증가, 생활고, 취업난, 학업 문제 등이 적잖은 영향을 미친 것으로 추정됩니다.

그런데 이 정도 상황이라면 사회구조적 문제로 정부는 물론 국민 모두가 심각하게 인식해야 합니다. 어느 한 개인의 의지나 일부 단체의 역량만으로는 극복할 수 없는 사회적 문제이기 때문입니다. 지금까지 정부가 해 온 청년 일자리 창출이나 저출산 해결 대책, 전세난 해소 대책 등등은 모두 예산만 낭비한, 땜질식 처방에 그쳤습니다.

따라서 지금의 20, 30세대들이 실질적인 혜택을 피부로 느낄 수 있는 더 확실하고 장기적인 대책 강구가 필요합니다. 지금과 같은 정책과 안이한 시각으로 대처하는 것은 에코 세대 즉, 20~30대를 더욱 더 절망하게 할 뿐입니다. 결국 이들 세대가 희망을 잃어버린 채, 방황하거나 삶을 포기한다면 대한민국 미래 역시 기대할 수 없습니다.

에코 세대 또한 100세 시대를 살아가야 하기 때문에 '쉬프트 업(shiftup)'의 개념으로 미래를 바라보고 인생을 설계해야 합니다. 인내와 긍정적인 마음가짐도 포함해서……. UN의 평생 표준 연령을 보면, '청년의 기준'을 노동이 가능한 18세에서 65세까지로 정하고 있기 때문입니다.

젊음과 유통 기한

청년기에 형성되는 인간관계는 평생을 좌우합니다. 따라서 "청년기에 누구를 만나고 얼마나 깊은 관계를 유지하는가."는 매우 중요한 일입니다. 사람은 누구나 혼자서는 자신감과 정체성(identity)을 확립할 수 없기 때문입니다. 자신감과 정체성은 되도록 많은 사람들과 교제하고 돈독한 관계로 발전하는 과정에서 확립될 수 있습니다.

특히 청년기는 친구들과의 경쟁을 통해 어린 시절의 정체성을 새로운 정체성으로 종속시킬 때 비로소 완성됩니다. 따라서 청년들이 어른이 되기 위해서는 또래들과 거듭 교제하고 경쟁하면서 친밀한 인간관계를 형성해 나가야 합니다. 청년기에 맺은 인간관계는 짧은 시간에도 깊은 친밀감을 형성하고 또한 평생 유지될 수 있는 까닭입니다.

그리고 청년기는 친화력과 교제력을 기를 수 있는 최적의 시기이기도 합니다. 청년기는 사회적 반경이 확대되어 가는 중간 단계로, 이 시기를 미국의 정신분석학자 에릭 에릭슨은 '모라토리엄(moratorium)'이라고 정의했습니다.

모라토리엄의 사전적 의미는 "지불 유예 기간"이지만, **"의무를 다할 준비가 되지 않았거나, 혹은 시간이 필요한 사람에게 주어지는 지연(遲延) 기간"**을 뜻하기도 합니다. 즉, 모라토리엄은 "일반적으로 모호한 자아 속에서 정체성을 찾고 있는, 아직 성인이 되지 못한 단계"라는 의미로도 사용되고 있습니다.

그런데 청년기에 맺은 인간관계는 고대 동식물이 지층에 축적되면서 오랜 세월에 걸쳐 생성된 '석유'에 비유할 수 있습니다. 오랜 시간이 지난 후에도 솟아나는 에너지처럼 좋은 인간관계는 인생을 보다 더 풍요롭고 행복하게 해줍니다.

또한 의욕이 넘치는 청년기에는 그 만큼 다양한 도전도 할 수 있습니다. 따라서 청년기에는 열심히 대외적인 인간관계를 통해 시련을 경험하고 학습하면서 새로운 정체성을 확립하고 사회로 나아가기 위해 자아를 단련시켜야 합니다.

그러나 이 같은 단계를 제대로 밟지 않거나 소홀히 한다면 앞으로 반드시 뛰어넘어야 할, 더 넓은 세상에 적응하기 어렵게 됩니다. 때문에 사소한 어려움에도 쉽게 좌절하고 세상으로부터 도망쳐 버리는 청년들도 생깁니다.

어디 그뿐일까요. 안타깝게도 요즘 20대들에게는 여유가 별로 없습니다. 정확히 말하면 석유처럼 인간관계를 끈끈히 침전시켜 나갈 마음의 여유가 부족합니다. 낭만과 치기를 잃어버린 대학가, 현실의 삶이 팍팍하다 보니 주위를 둘러보고 우정을 쌓아 갈 마음의 여유마저 잃어버린 것입니다. 모든 것들과 단절한, 나 홀로 족이 양산되고 있습니다.

"위기는 곧 기회다."라고 했습니다. 이런 까닭에 청년기의 정체성에 대한 위기를 새로운 자신감과 자부심을 획득할 수 있는 절호의 기회가 될 수 있도록, 인간관계를 더 넓히고 내성을 강화시켜야 합니다. 정체성이 확고한 사람은 결코 좌절하거나 절망하지 않습니다. 청년기의 정체성은 미래를 향한 질주이며, 꿈꾸는 미래의 자신에게 보내는 아름답고 유용한 메시지입니다.

그런데 청년들은 '모든 젊음에는 유통 기한이 있다.'는 사실을 명심해야 합니다. 이리저리 기회만을 엿보며 망설이기보다는 지금 악조건 속에 있다 할지라도 자신을 던져, 한 우물을 파보는 것입니다.

젊음이 있어 도전은 더 빛나고, 더 아름다운 것이기 때문입
니다.

4차 산업 혁명과 미래 먹거리

작은 기회들이 종종 큰일을 도모하는 기회가 된다.

〈데모스테네스〉

'4차 산업 혁명'이란 말은 이제 어디서나 들을 수 있는 사회적 주요 이슈로 등장했습니다. 특히 2016년 1월 20일 스위스 다보스에서 열린 세계경제포럼(WEF)에서도 '4차 산업 혁명의 이해'가 주요 의제로 선정되면서 세계적인 관심과 주목을 받고 있습니다.

이전의 제1차 산업 혁명은 철도·증기기관 발명으로 물류가 급격히 확장되기 시작하였고, 제2차 산업 혁명은 전기와 생산 조립 라인 등 대량 생산·소비 시대를 열었습니다. 제3차 산업 혁명은 컴퓨터와 인터넷의 등장으로 생산이 더욱 자동화되고 통신이 일반화되었습니다. 그리고 21세기 들어 4차 산업 시대가 비로소 열린 것입니다.

세계경제포럼 회장이자, 4차 산업 혁명의 주창자인 클라우드 슈밥은 자신의 저서인 '제4차 산업 혁명'에서 "4차 산업을 3차 산업 혁명을 기반으로 한, 디지털과 바이오산업, 물리학 등 3개 분야의 융합된 기술이, 경제 체제와 사회 구조를 급격히 변화시키는 기술 혁명"이라고 정의한 바 있습니다.

또 슈밥은 '4차 산업 혁명을 이끌 10개의 선도 기술'을 제시했습니다. 디지털 기술로 사물인터넷(IoT)·블록체인·공유경제 등을, 바이오산업 기술로 유전공학·합성생물학·바이오프린팅 등을, 물리학 기술로 무인운송수단·3D프린팅·로봇공학·신소재 등을 꼽았습니다. 그는 이들 기술을 바탕으로 현재 클라우드 컴퓨팅, 스마트 단말, 빅 데이터, 딥러닝, 드론, 그리고 자율 자동차 등의 산업이 괄목할 만한 성장을 하고 있다고 보았습니다.

그러나 "4차 산업은 과연 미래의 먹거리와 일자리를 보장할 수 있는 신산업 동력인가"란 물음에 대해 전문가들은 대부분 회의적인 반응을 보이고 있습니다. 지난 박근혜 정권의 '창조 경제' 프레임이 붕괴된 지금, '4차 산업 혁명'은 새 정치권과 기업이 합작해 인위적으로 만들어 내 띄우고 있는, 또 다른 장밋빛 신기루는 아닌지 하는, 의구심 때문입니다.

글로벌 기업들은 기업 혁신을 하면서도 '4차 산업 혁명'이란 용어를 쓰지 않는 대신, 대부분 '디지털 혁명'이란 용어를 사용하고 있습니다. 미국의 공룡기업 제너럴일렉트릭(GE) 또한 제품과 서비스에 대해 설명하면서 새로운 기술이 만들어 내는 기술과 혁신을 '산업 인터넷(industrial internet)'이라고 지칭하고 있습니다.

세계경제포럼은 2016년 '일자리의 미래' 보고서에서 향후 5년간 세계고용 시장의 65%를 차지하고 있는 선진국 및 신흥 시장 15개국에서, 4차 산업 혁명으로 210만 개의 일자리가 창출될 뿐, 710만 개의 일자리가 사라질 것으로 전망하고 있습니다. 결국 500만 개의 기존 일자리가 사라지는 셈입니다. 따라서 4차 산업의 과실(過失)을 한마디로 예단하기에는 아직은 시기상조라는 결론입니다.

물론 미국, 독일, 일본 등 주요 선진국은 이미 4차 산업 혁명에 선제적으로 대응하기 위해 전략을 수립해 추진하고 있습니다. 미국은 '첨단제조파트너십(AMP)', 독일은 '인더스터리 4.0', 일본은 '로봇 신전략' 등 자국의 산업 강점에 4차 산업의 선두 기술을 접목해, 제조업 혁신을 도모하는 정책을 내놓았습니다. 중국 또한 '중국 제조 2025'와 '인터넷+(플러스)'를 4차 산업 혁명을 대비한 국가 전략으로 제시하고 있습니다.

그러나 이들 나라 모두 '4차 산업 혁명' 완성을 위한 조급증 대신, 생산성 향상을 위해 비용을 절감하고, 새로운 기술을 적극적으로 활용하면서 지속적인 혁신을 해나가야 한다는 전략으로 4차 산업 혁명을 추진하고 있습니다.

우리나라도 4차 산업 혁명의 대열에 동참하고자 이제 막 걸음마를 시작했습니다. 물론 유수 선진국에 비해 출발이 늦은 편이지만, 그래도 희망적인 것은 정보통신기술(ICT) 인프라가 이미 세계적 수준이고, 축적된 빅 데이터 역시 많다는 점입니다.

따라서 정부는 물론 기업 모두 4차 산업이 과연 우리나라 미래의 먹거리와 일자리를 보장할 수 있는 답인가에 대해 4차 산업의 허와 실을 진지하게 따져 보고 차분히 준비할 일입니다. 자칫 잘못하면 지난 정부의 '창조 경제'처럼 막대한 세금과 인력 · 시간만 낭비 한 채 뜬구름 잡다 그만두는, 어리석은 일을 다시금 되풀이할 수도 있기 때문입니다.

한글 망치는 '인터넷 외제어'

하나의 발명은 전 인류의 행복이다.

〈헨리 픽처〉

　　1997년 '유네스코 세계문화유산'으로 지정되고 세계적인 언어학자들이 이구동성으로 현존하는 언어들 가운데 가장 과학적이고 정보 사회에서 가장 유용한 문자로 인정하고 있는 자랑스럽고 아름다운 '한글'을 우리는 갖고 있습니다.

　　몇 해 전 인도네시아 바우바우시의 짜이짜이족은 우리 한글을 그들의 공식 문자로 채택해 한글 수출 1호가 되었습니다. 그러나 우리 스스로 알게 모르게 한글을 홀대하고 천시하는 풍토는 예나 지금이나 여전합니다. 특히 우리 사회에서 알게 모르게 현재 통용되고 있는 일본어만 하더라도 3000 단어가 넘는다고 하니 한마디로 기가 찰 노릇입니다.

　　그런데 외래어나 외국어 남용이 가장 심한 곳은 공교롭게도 한글 사용을 바르게 선도하고 이를 실천해야 할 'TV 방송사 등

언론기관'들입니다. 방송 사회자는 물론 출연자들 역시 외래어나 국적 불명의 외국어 사용을 남발하고 있습니다. 그래야 더 멋있고 유식해 보일 것이라는 착각과 무지 때문입니다.

그리고 인터넷과 휴대폰 등의 사용이 일상화되면서 각종 매체마다 정체불명의 은어, 비속어가 홍수를 이루고 국적 불명의 표현까지 난무해 한글 훼손을 더욱 부채질하고 있습니다.

백보 천보 양보해서 물밀듯 밀려오는 새로운 문물과 급변하는 세계 속에서 새로운 명칭이나 용어를 다 한글로 바꾸어 사용하기 어려울지도 모릅니다. 또 한정적인 토박이말로 새로운 이름을 짓는 데도 한계가 있을 수 있습니다. 그러나 국적 불명의 외국어, 통신 언어의 부문별한 남용이 우리 글, 우리말을 알게 모르게 훼손하고 오염시키고 있다는 데 문제의 심각성이 있습니다.

특히 10대 누리꾼들이 사용하는 통신 언어는 한글 훼손을 넘어 한글 파괴로 봐도 무방할 정도의 심각한 수준에 이르렀습니다. 기성세대와 세대 간 단절감마저 느끼게 하고 있습니다. 누리꾼들은 일어, 한자, 그리스 문자는 물론 컴퓨터의 도형 모음 등에서 한글의 모음이나 자음과 모양이 비슷하다고 생각되는 것들을 모아 외계어로 만들어 통용시키고 있습니다.

'외계어'란 인터넷이나 SNS 상에서 일상적으로 사용되고 있는 통신어체를 넘어선, 상식으로는 어느 나라 글인지 모를 정도로 내용이 변질된 인터넷 언어를 의미합니다.

예를 들면, 'ㅋ ㅋ ㅋ(크크크)', 'ㅎ ㅎ ㅎ(하하하)', '얼짱(얼굴이 잘생긴 사람)', '생얼(화장하지 않은 맨 얼굴)', '솔대(솔직히 말해 대박이다)', '오나전(완전)', '안습이네요(안구에 습기가 차네요)', '5늘응日요1(오늘은 일요일)', '女中안틔클럽입늬돠마늬가입해쥬세효(여중 안티 클럽입니다. 많이 가입해 주세요)'로 쓰는 등입니다. 이 같은 예를 들자면 한도 끝도 없습니다. 이미 외계어 사전까지 등장했으니까요.

초기 통신 언어는 사용상 제약성과 의사소통을 신속히 하고자 음운을 줄이거나 받침을 없애는 방식으로 나타났지만, 2단계라고 할 수 있는 외계어는 기성세대를 배제한, 자기들만의 세계를 구축하려는 청소년들의 또 다른 특성이 반영된 것이라 할 수 있습니다.

그런데 통신언어와 일반 언어를 구별하는 성인과 달리 이들은 일상생활에서도 여과 없이 외계어를 사용하고 있어 우리말을 왜곡시키고, 언어를 배워 가는 청소년들에게 그릇된 언어관을 심어 줄 수 있다는 점에서 우려하지 않을 수 없습니다.

이를 막기 위해서는 올바른 통신 언어 사용을 위한 교육과 함께 국어 문법 교육을 강화하는 등 다각적인 대책이 있어야 합니다. 그리고 우리말이 외래어와 외국어로 뒤범벅이 돼 우리의 정신과 문화가 더 이상 오염되지 않도록 학교·언론·국민 모두 한글문화와 한글에 대한 의식을 개혁하고 한글 사랑을 실천해야 합니다.

그리고 인터넷 상에서 난무하고 있는 누리꾼으로서의 예의를 저버린 상스런 말, 욕설, 악성 댓글 등 저속한 표현의 사용은 또 다른 언어폭력이자, 한글 훼손인 만큼 이에 대한 추방 대책 마련도 시급합니다.

유감스럽게도 우리나라 사람들의 국어 능력이 100점 만점에 평균 60점도 못 된다는 사실을 애써 외면한 채, 외래어나 국적 불명의 외국어를 남발한다는 자체가 바로 사대주의 근성이자, 주체성 상실의 시발점이라는 사실을 곱씹고 또 곱씹어야 합니다.

독서와 수명

독서할 때 당신은 가장 좋은 친구와 함께 있다.

〈시드니 스미스〉

안중근 의사는 "**하루라도 책을 읽지 않으면 입안에 가시가 돋는다.**"라고 독서의 중요성을 강조했습니다. 1300년 전 당나라 시인 두보 또한 "**남자는 모름지기 다섯 수레의 책을 읽어야 한다.**"라고 책을 많이 읽도록 권장했습니다.

흔히들 국민들의 독서 수준은 곧 그 나라의 경쟁력을 가늠하는 지표라고 말합니다. 그런데 우리나라 국민들의 연간 독서량은 OECD 회원국 중 최하위로 현실은 참담합니다. 독서량 최상위국은 미국으로 1인당 한 달에 6.6권을 읽고 있으며, 일본은 6.1권, 프랑스는 5.9권을 읽고 있고 있습니다. 중국마저도 한 달에 2.6권을 읽고 있는 데 반해 우리나라는 겨우 1.3권을 읽고 있을 뿐입니다.

세계 30개국 13세 이상 3만 여명을 대상으로 인쇄매체 접촉 시간을 조사한 결과를 보면 독서 시간이 가장 높은 국민은 인도인으로 주당 10.7시간입니다. 반면 한국인은 3.1시간에 불과합니다. 국가별 평균 독서 시간 6.5시간의 절반에도 못 미치는 수준입니다.

우리나라 대학생들의 독서 현황 또한 참담하기는 마찬가지입니다. 한 통계에 따르면 세계 일류대학교의 연평균 독서량은 미국 하버드대학 98권, 영국 옥스퍼드대학 103권으로 나타났습니다.

그러나 우리나라 대학생 연평균 독서량은 5.51권으로 OECD 회원국 중에서도 최하위입니다. 또한 우리나라 취업준비생 10명 중 6명은 '책을 전혀 읽지 않는 것'으로 나타났습니다. 바쁜 취업 준비로 인해 독서할 시간적 여유가 없다는 것이 주된 이유입니다.

우리나라 국민들이 책을 많이 읽지 않은 가장 큰 이유는 '독서 습관 부재'를 들 수 있습니다. 어릴 때부터 체계적인 독서 교육을 받지 못한 채, 그저 학교나 학원에서 입시를 위한 점수 따는 공부만 해온 당연한 결과입니다.

그리고 국민들이 언제 어디서나 손쉽게 책을 접할 수 있는 도서관과 도서 보유량의 절대 부족도 한몫을 하고 있습니다. 여기에 TV, 컴퓨터, 인터넷, 휴대폰 등을 선호하는 '영상 세대'의 등장입니다.

21세기 글로벌 시대에 유수 선진국들과 맞설 수 있는 경쟁력은 지금과 같은 황량한 독서 풍토에서는 결코 나올 수 없다는 데 문제의 심각성이 있습니다. 특히 오늘날 강조되고 있는 창조적 사고나 창조적 아이디어 창출은 어느 한 분야만을 전문적으로 잘 아는 편향된 지식으로는 이룰 수 없습니다. 융·복합적 사고가 필수적입니다. 이를 위해서는 다양한 분야의 책을 읽고 그 내용을 응용할 수 있는 균형 있는 사고력을 길러야 합니다.

우리나라가 아직까지 단 한 번도 노벨과학상을 수상하지 못한 까닭도 창의적 인재 육성 교육은 등한시한 채, 입시 위주의 암기식 교육을 해 온 결과와 결코 무관치 않습니다.

그런데 독서 인구가 5% 증가할 때마다 출판 시장 경제 효과가 4,200억 원 늘어나는 것으로 추산되고 있습니다. 독서는 국가 지식 경쟁력을 높이고, 개인의 창의적인 사고력을 통한 균형적 삶과 행복 지수를, 수치로 계산할 수 없을 만큼 무한한 가치를 창출할 수 있다는 점에서 국가적으로나 개인적으로 대단히 중요합니다.

따라서 독서 인구의 저변 확대를 위해 유아기부터 책 읽는 습관을 갖도록 독서 지도 프로그램을 개발하고 체계적으로 독서 지도를 해야 합니다. TV 등 방송매체에서도 가수 등용문으로서의 역할에만 골몰할 것이 아니라, 책을 읽고 토론하는 쇼 형식의 독서 관련 프로그램을 적극 개발, 국민들로 하여금 독서의 중요성을 인식하고 독서에 관심을 갖도록 계도하는 노력이 필요합니다.

'독서하지 않는 국민', 미래도, 희망도 없기 때문입니다.

그런데 일주일에 3시간 정도 소설책을 꾸준히 읽으면 수명이 2년 정도 연장된다는 재미있는 연구 결과가 있습니다. 독서를 통해 마음의 위안도 얻고 수명도 연장하고, 일석이조가 아닌가 싶습니다. 이 시간부터라도 독서합시다.

2부

다락방 이야기

인생은 봄처럼 짧다

인생에서 선택은 오직 한번뿐이다.

〈F. 스코트 피츠제럴드〉

나는 누구인가?

정말 모른다

나는 어디서 왔는가?

정말 모른다

나는 어디로 갈 것인가?

정말 모른다

내가 누구인지,

어디서 왔는지,

어디로 갈 것인지,

정말 모르지만,

아는 것이 있다면
언젠가는 사라질 것이란 사실만은
분명히 안다

지구에서
나는 존재조차 알 수 없는
아주 작은 미세 먼지다

지구 역시 광활한 우주에서
그저 하나의
미세 먼지다

그런데
왜 먼지처럼 살지 못하고
욕심 부리며
안달복달하며 사는가?

나는 누구인가?

어디서 왔는가?

이제

어디로 가야 하는가?

여전히 모른다

철들어 삶이 무엇인지 조금 알기 시작하면서부터 지금까지 제 자신을 향해 숱하게 이 같은 질문을 던졌습니다. 그러나 여전히 그 답을 찾지 못했습니다. 아니 어쩌면 죽는 그날까지 이들 질문에 대한 답을 찾지 못한 채, 인생을 마감할지도 모르겠습니다. 분명 저라는 존재, 육체와 정신은 있는데, 제가 누구인지, 또 어디서 왔는지, 어디로 갈 것인지, 잘 모르면서 살아온 지난 날들이 조금은 후회스럽고, 우습기까지 합니다.

저는 제 의지와 상관없이 지구에 사는 두 남녀의 사랑이 아닌, 짝짓기(?)의 결과로 어느 날 이 세상에 태어났고, 동시에 무시무시한 세상이란 무대 속으로 속절없이 내던져졌습니다. 그리고 가족이란 울타리 안에서 반 강제적으로 양육됐습니다.

그런데 어디 저만 그랬을까요?

2,500여 년 전, 소크라테스는 몽매한 군중들을 향해 왜 **"너 자신을 알라"**고 외쳤을까요? 그렇다면 당시 소크라테스는 자기 자신을 정말 알기는 알았을까요?

사실 "너 자신을 알라"라는 이 말은 고대 그리스 델포이의 아폴론 신전 현관 기둥에 새겨져 있던 말입니다. 그리스 7현인(賢人)의 한 사람인 탈레스 또는 킬론이 처음 얘기했다고 전해지고 있습니다. 유명한 말이지만, 그동안 출처가 조금 불분명하고 원조 논란 또한 늘 있어 왔습니다.

그런데 소크라테스의 "너 자신을 알라"가 가장 권위 있고 위대한 까닭은, 소크라테스 자신이 스스로 무지를 자각하고 진리를 깨치고자 평생을 실천해 온 데 있지 않았나 싶습니다. 그리고 소크라테스의 당시 학자로서의 유명세도 분명 한몫을 했을 것입니다.

소크라테스의 아침 일과 중 한 가지는 제자들과 함께 시장을 돌며 만나는 사람들마다 "너 자신을 알라! 너 자신을 알라!"라고 외치는 것이었습니다. 제자들은 그 이유를 잘 모르지만 스승님이 저렇게 말하는 것은 다 이유가 있을 것으로 생각하고 열심히 따라 다녔다고 합니다.

그러던 어느 날, 소크라테스의 이 같은 행동이 늘 궁금했던 한

제가가 스승인 소크라테스에게 물었습니다.

"스승님, 스승님은 자신이 누구인지 알고 계신지요?"

그 말을 들은 소크라테스는 한 점 망설임도 없이 제자에게,

"나는 내가 누구인지 모른다는 것을 알고 있다."라고 대답했습니다.

오늘날 저를 포함한 대부분의 사람들이 자신이 누구인지, 어디서 왔는지도 모르면서 하루하루를 고민과 번민 속에 살고 있는 것은 아닌지 모르겠습니다. 100세 시대라지만 '봄처럼 짧은 인생'을……, 수백 년, 수천 년 살 것처럼 남을 속이고, 남의 것을 빼앗고, 남을 죽이며 그렇게 말입니다. 그래서 세상은 하루도 바람 잘 날이 없습니다. 크고 작은 사건, 사고의 연속입니다.

물론 태어나 한평생 사는 것은 사람마다 그 시간의 길이는 조금씩 다를지라도 공평하게 주어졌습니다. 따라서 그 한평생이라는 것, 봄처럼 짧은 인생을 어떻게 사는 것이 옳은 일인지, 잘 사는 것이 무엇인지 먼저 아는 것이 중요할 것입니다. 그런데 어리석게도 인간들은 많은 시행착오를 거친 후, 뒤늦게 서야 비로소 그 사실을 깨닫는다는 것입니다.

제 자신을 돌이켜 보면 젊은 시절, 앞만 보고 달려왔습니다. 가장으로서 가정을 위해, 아이들을 가르치는 교수로서 학생들

을 위해, 그리고 직장의 한 구성원으로서 살아왔을 뿐입니다. 그것이 유일한 삶의 길인 양, 사회의 전통과 관습에 길들여지고 매몰된 채 그렇게 살아왔을 뿐입니다. 물론 그 결과 지금과 같은 아주 작은 성공(?)을 이루었는지도 모르겠지만…….

그리고 어느 날 문득 저는 또다시 제 자신에게 질문을 했습니다.

"나는 누구인가?

나는 어디서 왔는가?

또 나는 어디로 갈 것인가?"

질문에 대한 답을 여전히 얻지 못했지만, 분명히 한 가지 깨달은 것은 앞도 보고, 뒤도 돌아보고, 옆도 살피며 한평생 살았어야 한다는 지극히 평범한 사실입니다.

젊은 날에 이런 평범한 진리를 미리 알았더라면 제 인생은 좀 더 빛나고, 좀 더 아름답고, 좀 더 풍요로웠을 것으로 믿습니다. 그러나 지금 와 후회한들 부질없는 일입니다. 이미 지나 버린 과거이자, 되돌릴 수 없는 시간들이기 때문입니다.

문득 '95세 생일에 쓴 글'이란 제목의 글 내용이 생각이 납니다. 글쓴이는 65세에 직장에서 명예롭게 정년퇴직을 했습니다. 그리고 살다 보니 자신도 모르게 어느 날 95세 생일을 맞았습니다. 정년하고 30년이나 더 살 줄 알았더라면 더 멋진 꿈과 계획을 가지고 살았을 텐데, 그저 죽을 날만 기다리며 살아온 지난 30년 세월이 매우 후회스럽다는 내용입니다. 때문에 95세가 된 지금부터라도 외국어를 배우겠노라며 글을 끝맺고 있습니다.

때어날 때는 순서가 있어도 죽을 때는 순서가 없기 때문에 제 자신 역시 앞으로 주어진 시간이 얼마나 남았는지 알 수 없습니다. 따라서 '95세에 생일에 쓴 글'의 내용을 반면교사로 비록 인생이 봄처럼 짧을지라도, 내일 죽을 것처럼 하루하루 최선을 다하는 삶을 살고 싶습니다. 그리고 이제부터라도 움켜쥐고 챙기는 삶이 아닌, 버리는 삶을 살고 싶습니다. 죽어 가지고 갈 것도 아닌데…….

사는 동안 너무 많은 것을 가졌습니다.

옷장에 가득 찬 옷들, 신발장에 가득 찬 신발들, 서랍마다 가득 찬 잡동사니들, 자동차, 스마트폰, TV, 세탁기, 냉장고 등등……, 셀 수도 없이 많은 것들을 가지고 있습니다.

이제부터는 버리고 정리해야 합니다. 법정 스님의 '무소유'처럼 꼭 필요한 것만 갖는, 그런 삶을 살렵니다. 그리고 제 자신을 더 사랑하며, 열심히 저를 위해 살고 싶습니다. 이마저도 또 다른 사치스런 욕심은 아닌지 모르겠습니다만…….

현대판 유배와 '안락사'

인생은 불확실하고, 죽음은 확실하다.

〈석가모니〉

평소 사회 복지에 관심이 많아 2014년 야간 전문대 노인복지과에 만학도(晚學徒) 자격으로 용기를 내 입학을 했습니다. 적잖은 나이의 현직 교수가 전문대학에 입학을 하니 한동안 화제 거리가 되었습니다. 물론 2년 동안의 주경야독이 쉽지는 않았으나, 그러나 제 나름대로 색다른 경험이었습니다.

그리고 졸업과 동시에 2급 사회복지사 자격증을 획득했습니다. 그런데 2급 사회복지사 자격증을 얻으려면 기본적으로 필요한 과목의 학점 취득과 함께 120시간의 현장 실습이 필요합니다. 이런 이유로 어떤 노인 요양원에서 실습을 하게 되었습니다.

실습 첫날, 요양원의 실상을 직접 접하면서 미래의 제 모습이 아닐까 싶어 충격이 컸습니다. 요양원에 수용되어 있는 노인의 80%가 중증 치매 환자로, 하루 종일 하는 일이란 '먹고, 자고,

배설'하는 것이 전부였기 때문입니다.

숨 쉬고 살아 있지만 과거는 물론 현재의 기억이 거의 없습니다. 자식들이나 지인들이 면회를 와도 알아보지 못합니다. 늙으면 다시 어린 아이가 된다는 말처럼 기저귀 차고 밥 달라고 칭얼거릴 뿐입니다.

치매 환자의 유형도 다양합니다. 하루 종일 초점 잃은 눈으로 멍하니 앉아 있거나, 잠만 자기도 합니다. 성격이 괴팍한 환자들은 온종일 누군가에게 욕설을 해대고, 또 가끔 아무에게나 무지막지한 폭력을 행사하거나 난동을 부리기도 합니다. 이런 치매환자들은 감당이 어려워 침대에 묶어 놓기도 하고, 수면제 등 약물을 투여해 재우기도 합니다.

그런데 이 같은 사실들이 간혹 세상 밖으로 알려져 세인들의 공분을 사기도 하고, 사회문제가 되기도 합니다. 그리고 요양원의 좁은 공간에서 하는 일 역시 별로 없습니다. 물론 요양원마다 다소 차이는 있겠지만 건강을 위해 진행하는 프로그램들이 있으나, 무의식 속에 사는 치매 환자들에겐 이마저도 무용지물입니다. 결국 정든 집과 가족을 떠나 쓸쓸히 죽을 날만을 기다리며, 요양원이란 감옥 아닌 감옥에서 현대판 유배(流配) 생활을 하고 있는 셈입니다.

치매는 조기 발견하면 진행을 더디게 할 수 있다지만, 65세 이상 노인들이 가장 두려워하는 무서운 병 가운데 하나이기도 합니다.

건강보험평가원의 연별 통계 자료에 따르면, 치매 환자 수는 최근 5년간 연평균 17%씩 증가하고 있는 것으로 나타났습니다. 또한 대한치매학회의 자료를 보면 치매환자 보호자 100명 중 78명이 치매 환자로 인해 직장을 그만두거나, 근로 시간을 줄인 것으로 나타났습니다. 이에 따른 인력 손실 및 건강보험료 지출 증가는 사회 전체가 짊어져야 할 비용으로, 큰 부담이 될 수밖에 없습니다.

더 큰 문제는 치매 환자 수의 경우 치매 치료제가 개발되지 않는 한, 2030년에는 127만 명, 2050년에는 271만 명으로, 20년마다 2배씩 증가할 것으로 예상되고 있어, 인적·물적으로 감당하기 어려울 것이란 우려의 목소리가 높아지고 있다는 사실입니다.

물론 우리나라는 2008년부터 치매와 전쟁을 선포하고, 2012년 치매 관리법을 시행하는 등 치매 관련 사업 지원에 적극 나서고 있습니다.

그런데 무의식 속에 살면서 밥이나 축내며, 가족들에게 부담이 되느니 일찍 생을 마감하고자 하는, '안락사'에 대한 관심도 높아지고 있습니다. 스위스 등 유럽의 몇몇 나라에서는 고통 없이 죽을 권리를 인정해 안락사를 법으로 보장하고 있지만, 우리나라는 아직은 시기상조라는 의견이 지배적입니다.

그러나 치매환자 본인이나 가족, 그리고 사회적 비용 등을 고려한다면 마냥 손 놓고 안락사 문제를 안 된다고 반대만 할 일은 아닌 듯 보입니다. 따라서 이제부터라도 안락사 문제를 수면 위에 올려놓고 진지한 논의가 있어야 합니다.

치매 환자들에게 요양원 같은 곳에서 현대판 유배생활을 강요하는 것 자체가, 고통 없이 죽을 권리마저 빼앗는, 또 다른 인권 침해라고 할 수 있기 때문입니다.

호주의 상태학자인 104세의 '데이비드 구달' 박사의 안락사로 인해, 영미권에서는 지금 안락사에 대한 찬반 논쟁이 재 점화되고 있습니다. 구달 박사는 호주에서는 안락사가 불법이기 때문에, 안락사가 허용되고 있는 스위스로 건너갔습니다.

그리고 바젤 라이프 사이클링 클리닉에서 평소 좋아했던 베토벤 교향곡 9번 '합창'이 흘러나오는 가운데 진정제와 신경 안정제 등을 투여 받고 영원한 안식의 길을 떠났습니다. 행복한 죽음입니다. 그런데 스위스에서는 건강한 사람일지라도 상당 기간 의향을 내비치면 안락사를 요구할 수 있습니다.

암튼, 치매에 걸리지 않고 건강하게 살다 어느 날 꿈꾸듯 죽고 싶은 것이 소원인데, 아니, 이제는 세상을 하직할 때가 되었다고 스스로 판단되었을 때, 스위스로 건너가 안락사라도 택하고 싶은데……. 이것이 어찌 저만의 바람이겠습니까!

소중한 인연

세상을 살아가려면 많은 사람과 사귈 줄도 알아야 한다.

〈루소〉

시장 바닥에서 옷깃을 스칠 정도라면 전생에 수천 가지 인연으로 맺어진 사이라는 말이 있습니다. 다시 말해서 불교에서 한 번 옷깃을 스치는 것은 500겁, 부부는 7,000겁, 부모 자식 간에는 8,000겁, 스승과 제자는 10,000겁의 인연을 쌓아야 그리 된다고 합니다.

그런데 불교에서 1겁은 4억 3,200만 년 즉, 사방 1.5Km의 바위에 100년에 한 번씩 선녀가 내려왔다가 치마를 끌고 비상할 때, 그 치맛자락에 그 큰 바위가 다 닳아 없어지는 시간을 말합니다. 인간의 머리로는 도저히 상상이 안 되는 그런 긴긴 시간입니다.

이런 까닭에 매일매일 한 지붕 아래 사는 가족은 물론이고 오가며 얼굴을 마주치는 이웃들, 직장 동료, 그리고 친구들 모두 얼마나 든든한 인연의 끈이 있어 이 드넓은 세상 억만 겁의 세월 속에 나와 인연이 되었을까 생각해 보면, 그 누구 한 사람 소중하고 귀하게 생각되지 않는 사람이 없습니다. 다시는 돌아올 수 없는 이승의 삶을 소중히 살려면 만나는 인연, 만나는 사람을 소중히 여기고 귀하게 여겨야 하지 않을까 생각해 봅니다.

사람은 한평생을 살면서 많은 인연을 만나고 또 맺게 됩니다. 첫 번째가 부모 자식 간의 인연일 것입니다. 그리고 형제자매, 친구, 스승, 사회생활에서 만난 지인 등입니다.

부모님은 병약한 저를 늘 보살펴 주시고 잘 키워 주셨습니다. 그러나 지금 생각해 보면 자식으로서 솔직히 크게 효도는 하지 못했습니다. 물론 효도의 기준이 뭔지 잘 알지 못하지만……,

사랑도 품앗이한다고 했듯, 부모님께 받은 사랑을 제 자식들에게 물려주고 있을 뿐입니다. 지금의 제 자식들도 부모인 저에게 효도를 한다고 나름 노력하고 있지만, 제가 부모님께 그랬듯이 어설프고 맘에 안들 때가 참으로 많습니다. 이런 까닭에 결국 효도도 돌고 도는 것이 아닌가 싶습니다.

어느 책에서 보니 자식들은 태어나 네 살까지 평생 할 효도를 부모들에게 다 한다고 합니다. 네 살이 되는 동안 예쁜 짓, 사랑스런 짓, 귀여운 짓을 통해 부모들의 마음을 행복하고 기쁘게 해주기 때문에 그 이후부터 자식에게 효도를 기대하거나 바라는 것은 어리석은 일이라고 합니다.

지난 날 아이들이 자라던 시절을 곰곰 생각해 보면 맞는 말 같기도 합니다. 아이들이 태어나 자라는 동안 참으로 많은 기쁨과 행복을 준 까닭입니다. 때문에 제 자신, 자식들에게 더는 효도를 기대하지 않으려 합니다만, 이것이 가능할지는 제 자신도 여전히 아리송합니다.

혹자는 자식보다 더 귀한 것이 친구라고도 합니다. 그리고 살면서 목숨을 나눌 수 있는 친구 셋만 있으면 성공한 인생이라고 합니다. 정말 그럴지도 모르겠습니다. 자식은 그냥 든든한 버팀목이라면, 친구는 마음의 고향이기 때문입니다. 절친한 친구에게는 할 말, 못할 말 다 할 수 있지만, 자식에게는 그렇지 못합니다. 이런 까닭에 나이가 들수록 더 필요한 것이 친구란 사실을 깨닫습니다.

저에게도 다행스럽게 이런 친구들이 있습니다. 만나면 늘 반갑고 또 멀리 있어도 늘 그리운 그런 친구들입니다. 만사 제쳐놓고 오늘은 이 친구들에게 안부 전화 한 통 해야 하겠습니다.

"잘 있냐?"고 말입니다.

"친구야, 보고 싶다"고 말입니다.

감나무와 행복

행복이란 우리가 시간을 들여 열중하는 모든 것이다.

〈알베르 카뮈〉

2층 창밖을 내려다보면 아랫집 마당에 서 있는 작은 감나무 한 그루가 눈에 들어옵니다. 겨울을 맞은 감나무는 이파리 하나 없이 죽은 듯, 조금은 쓸쓸한 자태로 서 있습니다. 가끔 까치와 참새들이 날아와, 마지막 한 개 남은 까치밥을 조금씩 맛보며 잠시 쉬어 갈 뿐입니다.

그런데 나무들은 사람보다 더 오랜 세월을 자연과 하나 되어 살아갑니다. 온갖 이기심과 희로애락으로 가득 찬 인간의 시선으로 나무를 바라본다면, 언제나 한 곳에 서 있는 나무가 심심하고 참으로 답답해 보일 수도 있습니다.

그러나 한 곳에 뿌리를 내려 죽을 때까지 몇 십 년, 아니 몇 백 년 끈기 있게 견디며 살아가는 나무의 한결같은 입장에서 인간사를 본다면, 분명 인간들의 헛되고 짧은 삶이 측은해 보일

지도 모를 일입니다.

흔히 나무들은 봄에 새순이 돋아나고 여름에 잠시 휴면하며, 가을에 비대해지고, 겨울에 잠들고, 봄에 다시 신장하는 순환 구조의 생을 반복하며 살아갑니다.

감나무의 사계(四季) 역시 이런 순환 구조를 통해 살아가는데, 참으로 신비롭고 경이롭기까지 합니다. 사실 겨울이 되면 소나무와 같은 침엽수를 제외한 모든 나무들이 잎을 떨구고 나목(裸木)이 됩니다. 그리고 한동안 휴면기에 들어갑니다. 그렇다고 아무 일도 하지 않은 채 동면만 하는 것은 결코 아닙니다. 나목들은 그 내부에서 다가오는 봄을 준비하느라, 아니 새로운 생명을 탄생시키기 위해 그 어느 계절보다도 더 분주한 삶을 삽니다.

봄이 되면 죽은 듯 서 있던 그 감나무에서는 새 세상을 구경이라고 하려는 듯 깨알만 한 새싹이 얼굴을 빠끔히 내밀며 나옵니다. 하루, 이틀, 사흘이 지나면서 새싹들은 연두색 잎으로 변하고 나날이 그 크기를 키웁니다. 하루하루 변하는 잎 색깔과 모습이 너무나도 아름다워 바라보는 눈이 다 황홀할 지경입니다.

잎이 어느 정도 자람과 동시에 하얀 감꽃이 피기 시작합니다. 감꽃이 지면서 아주 작은 열매가 주렁주렁 매달리고 어느덧 여름을 맞습니다. 여름이 되면 잠시의 휴면기를 갖지만, 감나무 잎은 연두색에서 짙은 녹색으로 변하기 시작합니다. 잎 크기 역시 손바닥만 해지면서 감나무로서 더욱더 풍성한 자태를 뽐냅니다.

찬바람이 부는 가을을 맞으면 감잎은 카멜레온처럼 황갈색으로 서서히, 또 그 모습을 바꿉니다. 감 역시 익기 시작해 녹색에서 먹음직스런 주황색으로 색깔을 바꿉니다. 감이 거의 익어 갈 무렵, 감나무는 풍성한 이파리들을 미련 없이 떨쳐 내고 가지에 고스란히 감만 남깁니다.

감나무 집 주인은 싱글벙글하며 다 익은 탐스런 감을 장대를 이리저리 비틀어 감을 땁니다. 그의 미소 띤 얼굴에는 행복이 가득 넘쳐 납니다. 주인은 까치밥 몇 개를 남겨 두는 것도 잊지 않습니다. 겨울이 되면 감나무는 나목이 된 채, 긴 침묵 속에 또 다시 다음 해 봄맞이를 열심히 준비합니다.

그리고 감나무에서 떨어진 감잎은 썩어서도 비료가 되어 어린잎을, 나아가서는 나무 자체를 더욱 튼실하게 자라도록 하는 양분이 됩니다. 그런데 감나무를 인간 사회의 역사라고 한다면, 하나하나의 잎인 인간은 나무 잎보다 훨씬 빨리 떨어져 썩어 버리고 맙니다. 그리고 인간은 죽음과 함께 흔적도 없이 사라질 뿐입니다.

사람도 감나무처럼 자기 할 일을 열심히 다 하면서 한평생을 살았으면 좋겠습니다. 봄, 여름, 가을, 겨울을 겪으면서 고달프고 힘들더라도 단 한 번뿐인 인생, 조금은 여유로운 마음으로 살았으면 좋겠습니다.

여행도 가고, 친구도 자주 만나고, 가끔 하늘도 쳐다보고, 꽃들도 감상하면서…….

재물이나 권력을 많이 가지려고 발버둥 치며 스스로 자기 희생을 감내하는 것은 어리석고 부질없는 짓입니다. 우리나라 최고 갑부인 어느 재벌 총수는 수조 원의 재산을 가졌지만, 지금 몇 년째 병상에 있습니다. 아니 생사가 불분명합니다. 그래서 **"건강을 잃으면 다 잃는다."**는 말은 진리입니다.

지금 이 순간 거친 밥, 한 그릇에 만족하고, 가족이 건강하고 늘 곁에 있다면 그것이 바로 진정한 행복입니다.

젊은 그대에게

희망과 꿈이 없는 삶은 반쯤 죽은, 송장과 같다.

〈이윤배〉

젊다는 것은 모든 것이 다 가능하다는 뜻입니다. 모든 것이 다 가능하다는 것은 모든 것을 다 할 수 있다는 의미이기도 합니다. 이것이 바로 젊음의 특권이자, 젊음만이 누릴 수 있는 크나큰 혜택입니다.

때문에 젊음을, 청춘을 낭비하는 것은 어리석은 일이자, 죄악입니다. 특히 청년기는 인생의 가장 찬란한 황금기입니다. 때문에 황금기를 어떻게 설계하고, 어떻게 보내느냐에 따라 한 사람의 평생이 좌우된다고 할 수 있습니다.

따라서 젊은 그대는 비전(Vision)을 가져야 합니다. 비전이 없는 청춘은 곧 살아 있지만 죽은 시체나 다를 바 없습니다. 그런데 흔히들 "꿈은 이루어진다."라고 말합니다. 그러나 꿈 그 자체는 막연한 소망이나 바람일 뿐입니다. 따라서 행동이 수반되지 않은 꿈은 한낱 몽상이나 망상에 불과합니다.

그러나 비전은 다릅니다. 비전은 '언제까지는 반드시 할 것', '언제까지 반드시 될 것' 등 확실한 기한이 있는 미래의 청사진이기 때문입니다. 비전이 없으면 목표도 없습니다. 목표가 없는 삶에는 도전 또한 없습니다. 재미는 더 더욱 없습니다. 재미없는 일에서 능률과 창의성을 기대한다는 것은 그게 바로 연목구어(緣木求魚)입니다. 연목구어란 **"나무에 올라 가 고기를 구하듯 불가능한 일을 하려고 한다."**는 뜻입니다.

따라서 꼭 이루어야 할 '꿈'이 있다면, 일생에 한번쯤 '열정'을 불태워야 할 일이 있다면, 타의 추종을 불허하는 '성과'를 내고 싶다면, 지금 당장 시작해야 합니다. 그리고 적어도 5년 동안 그 일에 미친 듯 매달릴 수 있다면 성공할 수 있습니다.

미켈란젤로가 바티칸 궁전의 시스티나 성당 천장 벽화를 완성하는 데 4년 6개월이 걸렸습니다. 콜럼버스가 산타마리아호를 타고 바하마, 쿠바, 북아메리카, 남아메리카 등 신대륙을 발견하는 데 5년이 걸렸습니다. 영국의 대문호 셰익스피어가 4대 비극(햄릿, 리어왕, 오셀로, 맥베스)을 집필해서 완성하는 데 역시 5년이 걸렸습니다.

다산 정약용이 논어, 맹자, 대학, 중용, 경세유표, 목민심서 등을 완성하는 데도 5년이 걸렸습니다. 김연아 선수도 피겨 스케이팅 주니어 대회 우승 5년 후, 올림픽에서 영광스런 금메달을 목에 걸었습니다.

이제부터라도 나는 해도 해도 안 된다는 자기 비하 정신부터 쓰레기통에 버려야 합니다. 시도해 보지도 않고 미리 겁을 먹거나 포기부터 먼저 생각한다면 이미 승패는 결정된 것이나 다름없습니다.

원하는 것을 얻으려면 그것을 마음속에 끊임없이 그리며 갈구하고 도전해야 합니다. 상상할 수 없는 것은 시도할 수 없으며, 시도할 수 없는 것은 얻을 수 없습니다. 로또가 맞길 원한다면, 기도를 먼저 할 것이 아니라, 일단 로또 복권부터 사야하는 이치와 같습니다.

존 그린리프 휘티어는 이 세상에서 말과 글로 표현할 수 있는 가장 슬픈 말로 **"그때 ~ 했었더라면 참 좋았을 텐데"**를 꼽았습니다. "그때 ~ 하지 않아 지금 후회스럽다"는 뜻을 함축하고 있습니다.

그렇다면 이 세상에서 가장 '행복한' 말은, 바로 **"그때 ~ 했으니 지금 얼마나 다행인지 몰라."**입니다. 그때 미리 준비해서 지금은 원하던 목표를 이룬 것입니다.

"99% 사람들은 현재를 보면서 '미래'가 어떻게 될지를 예측하고, 1%의 사람만이 미래를 내다보면서 '지금' 어떻게 행동해야 할 지 생각한다. 당연히 후자에 속한 1%의 사람만이 성공한다.", 간다 마사노리의 말입니다.

99%에 속할 것인가, 아니면 성공한 1%에 속할 것인가는 전적으로 젊은 그대가 선택할, 바로 그대의 몫입니다.

이름 지우기

사람은 혼자 살 수 없습니다. 사회적 동물이기 때문입니다. 따라서 어떤 식으로든 누군가와 이런저런 관계를 맺으며 살아가야 합니다. 가장 가까운 인간관계가 가족이고, 그 다음은 친척, 친구, 그리고 사회생활을 통해 알게 된 여러 계층의 지인들일 것입니다. 그런데 이런 인간관계도 어느 땐가는 정리할 때가 있는 듯싶습니다.

친구가 자신의 딸 아이 결혼식을 치르고 핸드폰에서 결혼식에 오지 않은 지인들의 이름과 전화번호를 정리했다고 합니다. 또 어떤 친구는 아예 전화번호 자체를 바꿔 버렸다고 합니다. 그 말을 듣고 당시에는 친구들이 조금 야박하다는 생각과 함께 무슨 뜻인지 잘 이해하지 못했습니다. 그런데 저 역시 어머니 장례와 딸 아이 결혼식을 치르면서 비로소 그 말뜻을 헤아리게

됐습니다.

그런데 지인 자녀들의 결혼식에 가서 늘 느끼는 것은 결혼식 자체가 너무 형식적이고, 온통 목적이 그동안 뿌려 놓은 축의금 거두는 데 있지 않나 싶어 입맛이 씁쓸할 때가 많았습니다. 예식장에 가면 혼주와 먼저 눈도장을 찍고, 의례적인 축하 인사를 나눕니다. 그리고 예식 참석은 거의 생략한 채, 축의금 내고 식사만 하고 오는 경우가 다반사입니다. 주말이나 주일 예식은 하객들에게 또 다른 민폐가 아닐 수 없습니다. 그렇다고 결혼식에 안 갈 수도 없는 것이 아직까지 감내해야 할 우리네 현실입니다.

이런 저런 이유로, 딸아이의 결혼식은 양가 가족끼리 조촐하게 했음 하고 내심 바랐습니다. 그러나 딸아이는 평생 한 번뿐인 결혼식인데 일류 호텔에서 화려(?)하게 하고 싶다고 고집을 피웠습니다. 지금까지 쏟아 부은 경조금도 포기할 수 없다는 주장에, 결국 자식 이기는 부모 없다고, 자의 반 타의 반으로 딸아이의 뜻에 따르고 말았습니다.

양가 합의 하에 축하 화환은 받지 않기로 했지만, 누굴 초청할 것인가가 큰 고민거리였습니다. 민폐를 덜 끼치기 위해 초청 인원을 최소한으로 줄이기로 하고, 잘 알고 지내는 지인들에게만 선별적으로 청첩장을 보내기로 했습니다.

혼주인 제 입장에서 지인들을 결혼식에 초청한다는 것은 축의금도 축의금이지만, 그 보다는 그동안 보지 못한 얼굴들을 이번 기회에 보고 싶어서였습니다. 그리고 딸의 결혼식을 핑계 삼아 식사라도 함께 나누고 싶어서였습니다.

그런데 꼭 와줄 것으로 믿고 기대했던 지인이 끝내 결혼식장에 나타나지 않았을 때 -물론 피치 못할 사정이 생겼을 것이라고 자위하면서도- 괜히 연락했나 싶은 후회와 함께 서운함도 그만큼 컸습니다.

그래서 결혼식이 다 끝난 후, 친구들이 했던 것처럼 저 역시 핸드폰에서 오지 않는 지인들의 이름을 하나하나 지웠습니다. 그런데 이렇게 이름들을 지우다 보면 나중에 몇 사람이나 남을는지…….

우리도 이제는 결혼 문화를 바꿀 때가 되지 않았나 싶습니다. 서양처럼 친한 몇 사람이 증인이 되고 가족 단위의 작고 조촐한 그런 결혼식으로 말입니다. 평생에 한 번뿐이라는 예식 업자들의 감언이설에 휘둘려 일회성의 화려하고 낭비적인 결혼식보다는 부부가 행복하게 잘 사는 것이 더 중요한 일이기 때문입니다.

물론 우리의 결혼식은 과거 품앗이 개념의 미풍양속이라고 이해하고도 싶지만, 요즘처럼 바쁜 세상에 주말이나 주일에 하는 것도 민폐고, 또 축의금 역시 주었으면 그것으로 끝나야지, 빚 받는 것처럼 느껴져 결코 아름답다고 할 수는 없습니다.

　이런 까닭에 마지막 남은 아들 결혼식만큼은 친한 지인 극소수만을 초청해, 조촐하고 의미 있게 치르고 싶지만, 제 뜻대로 아들 결혼식이 이루어질지는 아직은 미지수입니다.

봄비 내리는 날이면

추억이란 희망의 길에서 발에 걸린 돌멩이이다.

〈칼린 지브란〉

갓 시집온 새색시의 치마 자락 스치는 소리처럼 창 너머로 봄비가 조용히 내리고 있습니다. 그 때문인지 마음도 차분해지고 기분도 한결 가벼워집니다.

그런데 비에는 안개비, 실비, 가랑비, 장대비, 장맛비, 폭우 등 그 종류도 참으로 다양하고 많습니다. 비에 계절 이름을 붙이면 봄비, 여름비, 가을비, 겨울비도 있습니다. 이들 모두는 비다운 독특한 제 나름대로의 매력을 지니고 있기도 합니다. 그래서 사람들은 내리는 비를 바라보며 저마다의 아련한 추억들을 반추하는지도 모르겠습니다.

저는 이들 비 중에서 봄비를 특히 좋아합니다. 봄비는 덕지덕지 달라붙은 해묵은 겨울의 때를 말끔히 씻어 내고, 마침내 긴긴 기다림에 지친 무료함과 지루함을 잊게 해주는 까닭입니다.

뿐만 아니라 겨우내 엄동설한을 참고 견딘 삼라만상의 모든 생명체들에게 삶의 생기를 불어 넣고, 꺼져 가는 생명체들에게조차 삶의 희망을 가득 채워 주기 때문입니다.

그런데 오늘처럼 봄비가 오는 날이면 문득 대학 시절, 어느 카페의 주인이었던 누님이 생각납니다. 제가 만난 누님은 저보다 5살 연상이었고 불행하게도 젊은 나이에 홀로된 미망인이었습니다.

누님은 갸름한 얼굴에 조금은 슬퍼 보이는 사슴처럼 커다란 눈망울을 가졌습니다. 그리고 삼단처럼 검고 긴 머리칼을 곱게 묶어, 늘 단아한 모습의 전형적인 한국형 미인상이었습니다. 그 때문에 뭇 사내들의 시기와 질투가 남편을 일찍 여의게 했는지도 모를 일입니다. 누님을 한 사람의 여인이 아니라, 만인의 여인으로 살도록 말입니다.

그 누님도 봄비를 무척 좋아했습니다. 그래서 봄비가 내리는 날이면 누님은 창가에 앉아 뜨거운 커피 한 잔을 놓고 하염없이 내리는 봄비를 바라본다고 하였습니다. 그러면 마음이 한없이 편해진다고 했습니다.

저 역시 봄비를 좋아했던 까닭에 봄비가 내리는 날이면 어김없이 그 카페로 달려가곤 했습니다. 그리고 창가에 홀로 앉자 있는, 고독하다 못해 청초한 누님의 모습을 훔쳐보다 제 자신도 모르게 화들짝 놀라곤 하였습니다. 아마 피 끓는 철부지 청년의 짝사랑이었나 봅니다.

누님은 대학 시절, 남편을 처음 만났는데, 그날도 봄비가 내리고 있었다고 합니다. 그리고 남편이 출장을 다녀오다 불의의 교통사고로 사망하던 날도 봄비가 내리고 있었다고 합니다. 지금도 오늘처럼 봄비가 내릴 때면 누님의 소설 같은 사랑 이야기가 떠오르곤 합니다.

지금 생각해 보니 카페 이름도 봄비를 의미하는 '춘우(春雨)'였던 것으로 기억됩니다. 대학을 졸업한 후 그 누님을 다시는 만나지 못했지만, 봄비가 내리는 날이면 문득문득 그 누님의 안부가 궁금해집니다.

회자정리(會者定離), "사람은 만나면 헤어진다."라고 하지만, 무심한 세월은 우리의 의지와는 상관없이 또 그렇게 내리는 봄비 속에 휩쓸려 가버리는 것 같습니다. 이제 저 역시 젊음의 피가 용솟음치던 청년에서 어느새 이순(二順)의 나이마저 지나, 고희(古稀)를 바라보고 있으니 말입니다.

그러나 지나 버린 삶에 대해 다소의 아쉬움은 있지만, 그렇다고 크게 후회스럽지는 않습니다. 지난 세월 동안 분수에 넘치는 권력이나 재물을 탐하지도 않았고, 그저 순리대로 열심히 최선을 다해 살아온 까닭입니다. 앞으로 남은 시간도 그렇게 살아가고 싶습니다. 불교에서는 인생을 찰나(刹那)라고 했지만 그래도 생각보다는 긴 까닭입니다.

계속 봄비가 내리고 있습니다.

저 빗속으로 한없이 걸어가고 싶습니다.

지난날 모든 추억들을 하나둘 반추하면서…….

아니 어쩌면 이제는 지난날의 기억들을 하나둘 지워 버리는 편이 더 나을지도 모르겠습니다. 아름다웠던 과거든, 아팠던 과거든, 과거는 이미 지나가 버려 다시 되돌릴 수 없으니까요.

그리고 살아 있는 사람에게는 누구에게나 새로운 그림을 그릴 수 있는, 또 다른 피안(彼岸)의 세계가 기다리고 있기 때문입니다.

아버지, 나의 아버지

다섯 가지 형벌의 죄목이 삼천에 이르되,
불효보다 더 큰 죄는 없다.

〈공자〉

언제나 아버지를 생각하면 제 자신도 모르게 가슴이 뭉클해지고 눈물이 납니다. 아버지에 대한 한없는 그리움 때문입니다. 아버지는 회갑도 못 넘기시고 세상을 떠나셨습니다. 왜 그리도 급히 우리 곁을 떠나셔야만 했는지, 저는 그 이유를 지금도 알지 못합니다. 다만 아버지는 집안 장손이자, 장남인 저를 많이 원망(?)하시며 떠나셨습니다. 아마도 그동안 제 자신, 장손으로서, 장남으로서 역할을 다하지 못한 때문이었을 것입니다.

그런데 장남인 저에게 마저 차마 말씀하실 수 없었던 아버지 당신 자신의 고통과 괴로움을 아버지가 세상을 떠나신 한참 후, 군에 간 막내의 사고 때 비로소 알게 되었습니다. 그때의 황당하고 당황스러움이란 이루 말로 다할 수 없었습니다.

아버지는 늘 외로운, 그러나 한 마리 학처럼 고고하게 사시다 돌아갔습니다. 외할아버지 회사에 약 40여 년, 다시 말해서 아버지의 청춘을 고스란히 외할아버지 회사에 바쳤습니다. 아버지는 외할아버지의 큰사위이긴 하셨지만, 외할머니가 친 장모님이 아닌 까닭에 그 40여 년 동안, 알게 모르게 수많은 수모와 고통을 감내해야만 하셨습니다.

큰이모가 결혼하자 그동안 아버지가 맡고 있던 회사의 재정과 경리권을 큰이모부에게 자의 반 타의 반으로 넘겨야 했습니다. 그러나 이모부는 회사 돈을 자기 돈처럼 흥청망청 빼내 쓴 후, 회사를 파산 지경으로 거들 내 놓고 야반도주를 해 버렸습니다.

또 셋째 외삼촌이 대학을 졸업하고 회사에 들어오자 한참 나이 어린 손아래 처남을 '부사장'이란 직함의 상사로 모셔야 했습니다. 당시 아버지의 직책은 '전무'였습니다.

이처럼 아버지께서 온갖 수모를 참고 견디시며 초지일관 그 자리를 지키신 까닭은 당신의 못난 자식들 때문이었습니다. 그래서 아버지를 생각하면 더욱 더 가슴이 아려옵니다.

그런데 외할아버지는 큰사위인 아버지와 단 한마디 상의도 없이 어느 날 회사를 대기업에 매각해 버렸습니다. 결국 아버지는 쥐꼬리만 한 퇴직금만을 받은 채, '토사구팽'을 당하고 말았습니다. 당시 아버지께서 받으셨을 충격과 배신감을 자식인 제가 어찌 감히 짐작이나 할 수 있을까요.

돌이켜 보면 제 자신, 자식으로서 아버지를 위해 한 일이 별로 없는 것 같습니다. 아버지는 저에게 늘 말씀하셨습니다. "넌 아무 걱정 말고 공부만 열심히 하라"고 말입니다. 이런 까닭에 아버지의 외로움, 고통 같은 것은 짐작도 하지 못한 채 아버지 말씀대로 그저 공부만 하면 되는 줄 알았습니다. 대학 시험에 실패했을 때도 아버지께서는 다시 도전하라고 격려를 해주셨을 뿐, 별다른 말씀이 없으셨습니다.

그런데 아버지가 돌아가시고 얼마 되지 않아 큰외삼촌으로부터 제가 대학에 두 번째 실패했을 때, 아버지께서는 아무 말씀 없이 대성통곡을 하시더라는 말씀을 전해 듣고 못난 자식으로서 말할 수 없이 가슴이 아팠습니다.

그러나 이제 저는 박사 학위도 받았고, 교수도 되었습니다. 때문에 아버지께 자랑스러운 제 모습을 보여드리고 싶은데……. 정녕 계셔야 할, 아버지는 지금 곁에 안 계십니다. 그래서 가슴이 더 더욱 아픕니다.

사랑하는 아버지, 정말 죄송합니다.

못난 아들을 용서하십시오.

명절 유감

행복한 가정은 미리 누리는 천국이다.

〈R. 브라우닝〉

철부지 어린 시절에는 설이나 추석 등 명절을 손꼽아 기다리곤 했습니다. 저만 그런 건 아니었을 것입니다. 못 먹고 못 입고 살던 시절이었기에 명절이 되면 맛있는 것도 마음껏 먹을 수 있고, 추석빔이나 설빔도 얻어 입을 수 있었기 때문입니다.

그러나 언제부터인가 추석이나 설날 등 명절이 돌아오면 예전처럼 마음이 설레고 즐거워야 할 텐데, 부담스런 마음이 앞서 안타깝습니다. 저 역시 가난한 종가 집 장손이자, 장남으로 태어난 죄(?)로 결혼과 더불어 그동안 설과 추석 차례, 조상 제사, 시제 등의 행사를 도맡아 진행하면서 알게 모르게 많은 스트레스를 받기 때문입니다.

내자(內者)는 명절 며칠 전부터 차례 음식 준비 스트레스로 인해 저보다 더 많은 고통을 감내해야 합니다. 그래서 명절 등 집안 행사 때가 되면 저도 모르게 내자에게 늘 죄인 아닌 죄인이 됩니다.

그런데 명절 때마다 TV나 라디오에서 '명절 증후군'이란 이름으로 종갓집 며느리 이야기는 물론 장남에게 시집 온 큰며느리 이야기를 다루고 있어 집집마다 정도의 차이는 있지만, '명절 증후군' 현상이 심각하긴 심각한 모양입니다.

사실 장자 사상이 굳어진 것은 조선 시대에 '주자가례'가 들어오면서부터라고 할 수 있습니다. 왕위 계승도 장남 승계를 원칙으로 했을 뿐만 아니라, 유산 분배에서도 장남이나 장손이 차례, 제사 등 집안 행사를 주관하는 까닭에 다른 자식들보다 더 많이 받았습니다.

그러나 지금은 유산 상속법이 바뀌어 직계 자손의 경우 장·차남은 물론 남녀 구분 없이 유산을 균등하게 받는 세상이 되었습니다. 때문에 지금 시대는 장자나 장남이라고 해서 집안 행사를 도맡아 치를 아무런 이유도, 근거도 없어졌습니다.

조상 제사를 모시고 봉양하는 것이 이제는 장남이나 장손만의 몫이라고 할 수 없는 세상이 된 것입니다. 다만 명절이나 제사 등 집안 행사를 핑계 삼아 멀리 떨어져 있는 형제자매들이 함께 모이는 것은, 조상님들께 감사드리고 아울러 서로 회포를 풀며 우애를 돈독히 하고자 함일 것입니다. 그래서 명절 때마다 천리 길도 마다 않고 귀성, 귀경 차량들이 꼬리에 꼬리를 물고 이어지는, 우리나라만의 독특한 세시 풍속도도 생겨난 것이 아닌가 싶습니다.

그럼에도 불구하고 아직까지는 우리 사회에 장남이나 장손이 집안 행사를 주관해야 한다는 의식이 여전히 팽배해 있습니다. 이런 까닭에 철없는 동생들은 맏이로 태어나 부모님 사랑을 자신들보다 더 많이 받았으니 당연하다고 억지 주장을 펴기도 합니다.

그러나 자식이 부모를 선택해 태어날 수 없듯이, 장남 역시 스스로 부모를 선택해 장남이 된 것은 아닐 것입니다. 이런 까닭에 벗을 수만 있다면 장남, 장손으로서의 무겁게 짊어진 멍에를 벗어버리고 싶을 때가 많습니다. '빛 좋은 개살구' 역할에서 이제 그만 해방(?)되고 싶다고나 할까요.

그뿐만이 아닙니다. 평소 집안 행사를 등한시하고 무관심한 형제일수록 어쩌다 한 번 행사해 참석하면 그동안 집안일을 혼자 도맡아 해온 것처럼 어처구니없는 온갖 불평불만을 쏟아 놓습니다. 그때는 장남으로서 한 대 갈겨 주고 싶기도 하지만, 무시하고 그냥 참고 넘어갑니다. 그런 동생을 나무라고 잘못을 지적해 본댔자, 좋은 날 결국 형제지간에 싸움판이 될 게 불을 보듯 빤하기 때문입니다.

그리고 동생들이 이유도 없이 집안 행사에 불참할 때는 전화를 해서라도 야단을 치고 싶을 때도 있습니다. 그러나 혹시라도 상 차릴 돈을 보내지 않아 그런가 하고 오해할까 봐 마음속으로 그냥 새기고 맙니다. 그리고 집안 행사에 참석한 동생들 또한 봉투 하나 내미는 것으로 자신들의 일을 다 했다고 착각합니다.

그런데 매년 추석, 설날, 제사, 시제 등 행사에 드는 비용도 만만치 않습니다. 이런 까닭에 어떤 집안들은 음식도 나누어 해오고 공동 비용을 갹출해 행사를 치른다지만 전국적으로 멀리 떨어져 살고 있는 경우 음식을 해오는 것도 쉽지 않은 일입니다. 그리고 사는 것이 어려운 형제자매가 있는 경우는 공동 경비 갹출도 어려운 것이 현실이기도 합니다.

따라서 집안행사를 준비하고 치를 때마다 이런 행사가 과연 필요한지 회의가 들 때가 많습니다. 때문에 21세기 국제화 시대를 살고 있는 오늘날은 이와 같이 허례허식으로 가득 찬 명절 문화를 개선하든지, 폐지해야 하지 않을까 싶기도 합니다.

저는 내자와 자식들에게 유언처럼 말하고 있습니다. 땅도 좁은 나라에서 느는 것이 묘지라고 하는데 애국하는 차원에서라도 내가 죽거들랑 화장시켜 강이나 바다에 뿌려 버리라고 말입니다. 그것이 서운하면 납골당에 두든지 하라고 말입니다. 그리고 절대 제사는 지내지 말라고 신신당부하고 있습니다. 결국 죽어서 제사 밥 구걸하는 노숙자 신세가 될지도 모르겠습니다만……

그러나 일반 동물처럼 죽음과 함께 인간으로서의 길흉화복(吉凶禍福)도 끝나는 것입니다. 이승에서의 제 자신의 작은 세상이 닫히는 것입니다. 이런 까닭에 사후에 후손들로부터 제사나 성묘에 대해 미련을 갖는다는 것은 겁 많고 나약한 인간의 마지막 몸부림이 아닐까 싶습니다. 물론 혹자는 "조상 없이 어찌 네가 있을 수 있었겠느냐"고 비아냥거릴지도 모르겠습니다만……

가을을 타는 남자

모든 잎이 꽃이 되는 가을은 두 번째 봄이다.

〈알베르 카뮈〉

봄은 여성의 계절이고 가을은 남자의 계절이라고 어느 시인은 노래했지만, 천고마비의 오곡백과가 풍성한 아름다운 계절에 저는 지금 입맛이 씁쓸하고 고달픈 삶의 무게에 짓눌려 숨을 헐떡거리고 있으니 정녕 가을을 타고 있는 것은 아닐까 싶습니다.

정년이 되도록 앞만 보고 달려온 제 자신……. 혹자는 '박사 학위를 받고 교수가 되었으니 더 이상 무얼 바라느냐'고, 행복에 겨운 푸념이라고 힐책할지도 모르겠습니다.

그러나 크게 명예를 얻지도 못했고, 크게 돈을 모으지도 못했습니다. 그런데 그동안 무엇 때문에 바보처럼 앞만 보고 달려왔는지……. 한번쯤은, 아니 가끔은 뒤도 돌아보며 여유로운 삶을 살고자 노력했어야 백번 옳았습니다.

주마등처럼 스쳐 지나가는 지난날 속에 진한 외로움이 파도처럼 밀려옵니다. 아이들은 이미 품안의 자식이 아닙니다. 집사람 역시 예외가 아닙니다. 제가 제 부모님께 그랬듯이 그들도 언제부터인가 그들만의 삶의 영역을 정하고, 이제는 독립해서 살아갈 수 있다고 믿고 있는 까닭입니다.

그동안 저는 제 양 어깨에 짊어진 감당키 어려운 의무와 책임을 다하기 위해 돈 벌어 오는 기계 역할(?)에 충실했는지도 모르겠습니다. 그것은 가장으로서, 장손으로서 지극히 당연한 일이고 우리 가족을 위하는 유일한 길이라고 자위하면서 바보처럼 혼자 희희낙락 했었는지도 모르겠습니다. 그 가운데 저라는 존재는 없음에도 불구하고…….

지금 가을의 들녘은 짙푸른 초록색을 모두 벗어버리고 울긋불긋 새로운 빛깔의 채색 준비가 한창입니다. 그러나 제 삶은 덕지덕지, 헌 누더기를 기워 놓은 것처럼 상처투성이로 온통 회색빛입니다. 도망가고 싶어도 도망조차 갈 수 없는, 올가미에 묶인 가엾은 한 마리 사슴처럼 자신을 잃어버린 채, 힘겹게 살아온 지난 세월입니다.

저보다 못한 인간들에게 기만당하고, 배신당하면서도 아픈 가슴을 추스르며 그들을 용서하고자 노력해 왔습니다. 세상은 처음부터 불평등하고, 삶은 고달프다는 것을 너무도 잘 알고 있었기 때문입니다.

그리고 위대한 정치가도 철학자도 아니면서 이 세상의 온갖 고뇌와 번뇌를 혼자 짊어지고 가야 할 것 같은 착각 속에 불의를 배격하고 진리와 정의를 위해 올곧은 길(正道)을 가고자 부단히 자신을 채찍질해 왔습니다. 그럼에도 이 아름다운 계절에 외로움을 느끼고 삶의 무게를 느낀다면 이것은 너무 불공평한 것이 아닌가 싶습니다.

누군가는 우리 인생을 태어나서 25세까지, 25세부터 50세까지, 그리고 50세부터 세상을 떠날 때까지 3단계로 분류했습니다. 그렇다면 저는 불행(?)하게도 이미 1, 2단계를 지나 마지막 3단계에 접어든 셈입니다.

그래서 이 가을에 더 쓸쓸함을 느끼고 있는 것은 아닌지 모르겠습니다. 말기 암환자처럼 마지막 3단계에 제 모든 것을 던지고 다시 인생의 승부를 걸어야 할지도 모르겠습니다. 더 이상 계절의 노예로서 시간을 낭비할 수는 없습니다.

결국 인생이란 '공수래공수거(空手來空手去)'라고 했거늘, 한 번뿐인 일회용 인생을 수 천 년이나 살 수 있는 것처럼 착각 속에 여전히 하루하루를 아등바등 살고 있는 제 몰골이 그저 안쓰

럽고 우스울 뿐입니다.

"남자,

남자,

가을을 타는 남자."

유행가 가사와도 같은 비아냥거림은 제게는 어울리지 않는 저에 대한 조소일 뿐입니다.

칼라일은 말했습니다.

"인생이란 단지 기쁨도 슬픔도 아니며, 그 두 가지를 지양하고 종합해 나가는 과정에서 파악되어야 한다. 커다란 기쁨도 커다란 슬픔을 불러 올 것이며, 또 깊은 슬픔은 깊은 슬픔으로 통하고 있다. 자기의 할 일을 발견하고 자기가 하는 일에 신념을 가진 자는 행복하다. 사람의 가치는 물론 진리를 척도로 하지만 그가 가지고 있는 진리보다도 그 진리를 찾기 위해서 맛 본 고난에 의하여 개량되어야 한다."

그렇습니다. 제 인생은 순전히 제 자신에게 달려 있습니다. 그래서 목청껏 외칩니다.

"어떤 고난도 사랑하리라. 그리고 성스러운 입맞춤을 하리라. 지금까지 내려놓지 않고 있는 삶의 봇짐을 고난과 함께 하리라. 이제 고개를 들어 청명하고 맑은 가을 하늘을 보자.

그리고 날자! 힘차게 날자!

새로운 또 다른 나의 날을 위해⋯⋯."

술에 관한 추억

술이 머리로 들어가면 비밀이 밖으로 새어나온다.

〈탈무드〉

술의 유래는 인류의 태동과 함께 시작된, 유구한 역사를 갖고 있습니다. 그런데 고서들 중에는 술의 역사와 유래에 대해 기술된 것들이 더러 있으나, 전설과 신화 속의 내용들이 대부분이어서 그 진위 여부는 불분명합니다.

다만 중국에서는 석기(石器)에 담았던 것이 술의 시작이라는 설이 있습니다. 서양에서는 스위스의 신석기 시대의 호상주거(湖上住居) 유적에서 과실의 씨앗이 발견돼, 그 시대에 이미 과실주가 존재했었을 것으로 추정하고 있을 뿐입니다.

우리나라의 경우, 알게 모르게 중국의 영향을 많이 받았기 때문에 술 또한 중국에서 전래되었을 것으로 추정하고 있습니다. 우리 문헌상에서 술에 관한 기록은 드물지만, 우리 민족이 발효문화에 친숙했다는 점을 생각한다면 화북지역에 거주했던 우리의 선조인 동이족의 술 문화가 중국과 한반도에 동시에 영향을 주었을 것이라는 주장도 있습니다. 또한 삼국사기에 술에 관한 언급이 있는 것으로 미루어 우리나라 술의 유래도 아주 오래되었을 것으로 짐작됩니다.

그런데 제 자신, 언제부터 술을 마시기 시작했는지는 정확하지 않습니다. 70년대 초 대학 다닐 때, 청년문화가 등장하면서부터 시작하지 않았나 싶습니다. 그 당시는 주로 막걸리를 마셨습니다. 오늘날과 달리 맥주는 고급주에 속해 주머니 사정 때문에 자주 마시지 못했고, 소주는 너무 독해서 마시면 탈이 났기 때문입니다.

그러나 정작 술을 본격적으로 배우고 마신 것은 군 복무 시절로 기억됩니다. 군에 입대해 처음 술을 마셨던 그날의 기억이 지금도 오늘처럼 생생합니다. 훈련을 다 마친 후, 자대 배치를 받고 크리스마스이브에 본부 회식이 있었습니다. 연대 본부 대원은 30명 정도였고, 저는 갓 전입 온 햇병아리 이등병 병사였습니다. 회식이 시작되자 대원들은 서열 순으로 자리를 잡았고, 서열에 따라 저는 맨 끝, 꼴찌 자리에 앉았습니다.

회식이 시작되자 전역을 한 달여 남겨 둔 왕고참부터 술잔이 순서대로 돌기 시작했습니다. 술잔은 돌고 돌아 마침내 막내인 저에게까지 왔습니다. 그런데 왕고참은 알 수 없는 회심의 미소를 짓더니 막소주를 큰 대접 한 사발 가득 따라 주면서 마시라고 했습니다.

신참 전입 신고식이라고 했습니다. 순간 아찔했습니다. 그때 왕고참이 다시 말했습니다. "이 술을 마시지 않으면 회식 후 전원 집합"이라고 말입니다. 당시 군에서 '집합'이란 '빠따(몽둥이)' 맞는 것을 의미했습니다.

저 때문에 전 대원들이 몽둥이찜질을 당해서는 안 된다는 생각에, 죽을 때 죽더라도 마시자고 왕고참이 건넨 소주 한 사발을 단숨에 비웠습니다. 그리고 회식이 끝날 때까지 세 사발을 더 마셨습니다. 그런데 참으로 신기했습니다. 막소주를 네 사발이나 마셨음에도 불구하고 냉수를 마신 것처럼 전혀 취기가 돌지 않았습니다. 그 후부터 결국 저는 두주불사(?)의 애주가가 되었습니다.

그런데 술 마시는 것도 한때인 듯싶습니다. 30대 젊은 교수 시절, 어느 술자리에서 술을 강권하는 저를 향해 대뜸 "이놈아, 너도 늙어 봐라. 나처럼 될 테니……" 하시던 정년을 코앞에 둔 어느 선배 교수님 말씀을 요즘 제대로 실감하고 있으니 말입니다.

젊은 시절에는 새벽까지 술을 마시고도 출근해, 거뜬히 강의를 했었습니다. 그런데 요즘은 조금만 과음을 해도 다음 날 일어나기 힘듭니다. 나이 탓인지, 체력 탓인지, 둘 중에 하나일 테지만…….

내자(內者) 역시 술 취해 귀가하는 저를 보면서 늘 한마디 합니다. "이제는 건강을 생각하라"고 말입니다. 백번, 천 번 옳고 지당한 말씀이지만, 저도 이에 지지 않고 응수합니다.

"내가 술 그만 마시는 날이 바로 저 세상으로 가는 날"이라고 말입니다.

이런 날이 아주 늦게 오길 간절히 소망하면서, 오늘도 친한 벗과 하 수상한 세월을 안주 삼아 한잔 술을 기울이고 싶습니다.

커피 중독 사회

커피와 사랑은 뜨거울 때가 가장 좋다.

〈독일 격언〉

오늘 아침에도 출근하자마자 커피 한 잔을 앞에
놓고 음악을 듣습니다. 행복한 시간입니다. 그렇다고 커피를
즐기는 마니아는 아닙니다. 하루에 고작 한두 잔 마시기 때문
입니다. 그리고 아직까지 커피 맛을 잘 모르기 때문에 아무 커
피나 있는 대로 마십니다.

제가 즐겨 마시는 커피는 막대 커피, 일명 '커피믹스'입니다. 커
피믹스도 그냥 마시는 것이 아니라, 설탕 한 스푼을 더 넣어 아주
달게 마십니다. 이런 까닭에 저에게 집사람은 늘 커피가 아니라,
설탕물을 마신다고 핀잔입니다.

그런데 제 주위에는 커피 마니아들이 많습니다. 그들을 방문
하는 날이면, 귀한(?) 손님이라고 원두를 정성스럽게 갈고 걸러
서 아무 것도 첨가하지 않은 채 그대로 내놓습니다. '블랙커피'

입니다. 그러나 이런 커피를 대할 때 마다 저에게는 색깔부터 사약처럼 느껴지고, 맛마저 써 곤혹스럽습니다. 그래도 대접한 사람의 정성을 생각해 아무 내색도 하지 못한 채, 그냥 마십니다. 그리고 속으로 한마디 합니다.

"이 쓰디 쓴 것을 무슨 맛으로, 왜 마실까."라고 말입니다.

커피는 하나의 전설을 가지고 있습니다. 바로 커피의 유래라 할 수 있는 '칼디의 전설'입니다. 칼디의 전설은 6~7세기경 에티오피아 고원 아비시니아에서 전해지는 이야기입니다.

목동 칼디는 염소를 기르고 있었습니다. 그런데 이 염소들이 주위 나무에 체리처럼 생긴 빨간 열매를 따 먹은 후, 흥분하여 여기저기로 뛰어다니는 모습을 우연히 목격하게 됩니다. 칼디는 이런 염소들의 행동을 유심히 관찰하다가 호기심이 발동해 본인이 직접 그 열매를 따서 먹어 보았습니다. 그런데 새로운 힘이 솟아나고 가슴이 뛰며 피곤함도 사라지고, 정신이 맑아지는 것을 경험하게 됩니다.

칼디는 수도승에게 이러한 경험을 전했습니다. 이 수도승도 칼디와 같이 열매를 따서 수도원으로 가지고 와 끓여 먹고 전신에 기운이 솟는 것을 느낍니다. 일상에서는 물론 기도할 때도 졸음이 오지 않는 것을 알게 됩니다.

이후 이 소문이 세상 밖으로 널리 퍼지고 다른 나라들까지 전파됩니다. 결국 우연한 기회에 커피의 성분이 심신을 각성시키고, 힘이 나게 한다는 사실을 알게 된 것입니다. 시간이 지남에 따라 커피의 음용법이 발달하면서 오늘에 이르게 된 것입니다.

그런데 요즘은 카페에 밀려 다방 간판 보기가 쉽지 않지만, 과거 다방에서는 모닝커피가 있었습니다. 일명 다방커피라고 하는 모닝커피를 시키면 달걀노른자를 둥둥 띄워 내 놓았습니다. 물론 이름 그대로 오전 중에 가야 마실 수 있었습니다.

지금 생각해 보면 다방에서 주는 대로 무심코 모닝커피를 마셨습니다. 그런데 커피에 달걀노른자를 둥둥 띄워 내놓았던 까닭은 빈속에 커피를 마시면 위에 좋지 않을 것이라는 다방 주인의 손님에 대한 배려 때문이 아니었나 싶습니다.

전국적으로 교회 수만큼 많던 다방들이 어느 날부터 하나둘 사라지더니, 그 자리를 커피 전문점과 카페들이 차지해 버렸습니다. 이런 까닭에 어느 작은 도시나 시골을 가다가 다방을 발견하면 반갑고 옛 추억이 되살아나기도 합니다.

"골목길 다방, 영자네 다방, 호수 다방" 등등 상호도 정겹습니다.

그러나 요즘 우후죽순처럼 들어서고 있는 커피 전문점이나 카페들의 상호들은 국적 불명의 외래어나 외국어 일색입니다. 차를 파는 곳이니 "다방"이란 말이 틀린 말은 아님에도 불구하고……

가게 상호에 굳이 국적 불명의 외래어나 외국어를 쓰는 까닭은 그래야 세련돼 보이고, 고급스럽게 보일 것이라는 잘못된 인식 때문입니다. 상호만 그럴 듯하고 커피 맛이 없다면……. 따라서 '다방'에 우리의 아름다운 말을 붙인다면 더 정겹지 않을까 싶습니다.

그런데 우리 국민들이 언제부터 커피 마니아가 되었는지 잘 알 수는 없지만, 지금 어쩌면 많은 국민들이 커피 중독자가 된 것은 아닌지 모르겠습니다. 마약이나 알코올 중독만 중독이 아닙니다.

지금은 우리나라에서도 소량의 커피가 생산되고 있으나, 가장 많은 커피를 수입하는 국가 상위 10위 안에 들 정도로, 매년 엄청 나게 많은 양의 커피를 외화를 들여 사오고 있습니다.

그리고 국민 1인당 한 해 평균 600잔 정도의 커피를 마시고 있다니 놀랄 일이 아닐 수 없습니다. 커피 전문점도 체인화돼, 전국적으로 보급되고 있고, 커피 전문 카페도 하루가 멀다 하고 늘어나고 있습니다.

이런 가운데 커피의 효능에 대한 여러 연구들이 관심을 끌고 있습니다. 수면 방해, 심근경색 유발, 위장 장애, 불임, 조산 유발 등의 부작용도 있지만, 반면에 긴장감 해소, 지방간 개선, 혈당치 개선, 대장암 예방, 다이어트 효과 등등도 있다는 것입니다.

기호 식품인 커피 마시는 것을 탓할 수는 없지만, 과유불급이라고 많이 마시는 것은 좋지 않다는 것이 정설입니다. 특히 하루 몇 잔 정도 마시는 것이 좋은지, 주장하는 사람들마다 제각각이어서 몇 잔을 마실 것인지는 본인이 판단하고 마실 수밖에 없습니다.

그래도 저는 매일 아침 한 잔의 커피를 마십니다.

설탕을 한 스푼 더 넣은, 아주 달달한 커피를…….

어느 육군대장의 '갑질'

반성하지 않는 삶은 살 가치가 없다.

〈소크라테스〉

힘 있는 자들의 약자에 대한 이런저런 '갑질'이 핫 이슈로 떠오르며 사회 문제가 되고 있습니다. 어느 육군대장 부부의 공관병에 대한 '갑질' 문제가 불거지면서, 세인들의 공분과 함께, 이들 부부에 대한 처벌 수위를 놓고 갑론을박마저 뜨거웠습니다.

저는 1974년에 군에 입대, 33개월 동안 복무하고 병장으로 명예로운 만기 전역을 했습니다. 그것도 38선을 넘어 철책선이 가까운 연대 본부대에서…….

그때의 군 환경은 상상할 수 없을 만큼, 훨씬 더 열악하고 군 생활 역시 많이 힘들었습니다. 먹는 것도 좋지 않았고, 구타나 폭언은 매일, 밥 먹듯 비일비재했습니다. 그래서 처음에는 적응하기 힘들었지만, 군대란 특수 사회이니 그러려니 하고 참고 견딜 수밖에 다른 도리가 없었습니다.

그런데 당시 연대장 당번병만 돼도 그것은 시쳇말로 '꽃보직' 이었습니다. 일반 사병과는 차원이 달라, 경계 근무는 물론 불침번을 서지 않아도 되었으며, 관사에서 민간인 같은 생활을 할 수 있었기 때문입니다. 이런 까닭에 지금의 군 상황은 잘 모르겠지만, 당시만 해도 당번병이나 공관병은 아무나 갈 수 있는 그런 자리가 아니었습니다. 집안의 든든한 배경이나 보이지 않는 어떤 힘이 작용해야만 갈 수 있었습니다.

저 역시 후방의 예비 교육 사단에서 6주간의 기본 훈련을 마치고 아버지의 보이지 않는 힘(?)으로 그 교육 사단에 기관병으로 남게 돼 있었습니다. 물론 나중에 안 일이지만……. 아버지께서는 몸이 약한 아들을 최전방의 전선으로 보낼 수 없었던 것입니다. 그런데 전출 하루 전날, 운 나쁘게도 사단장이 갑자기 바뀌는 바람에, 전혀 예기치 않게 최전방 부대로 가게 되었습니다.

군용 트럭에 몸을 싣고 한탄강의 38도 표지석을 넘으면서 '이제 죽었구나.' 하는 체념과 함께 달리는 트럭에 무작정 몸을 맡겼습니다. 그러나 도착한 근무지는 DMZ가 가까운 첩첩 산중이었지만, 생각보다 무서운 곳도, 사람이 살 수 없는 곳도 아니었습니다.

당시 대학 재학 중에 입대를 한 까닭에 운이 좋았는지 연대 본부의 사병과 장교들의 먹을거리를 담당하는 1종계 보직을 받았습니다. 그런데 1종계 보직은 아침 일찍 일어나 사병과 장교 식당에 주식과 부식을 배급해야 했기 때문에 경계 근무는 물론 불침번도 면제되는, 햇병아리 이등병에게는 그야말로 '꽃보직' 이었습니다.

그런데 어느 책에서 보니 악인들은 자신이 하고 있는 일이 늘 정의롭다고 생각한다는 것입니다. 그래서 끊임없이 악행을 저지르면서도 반성하거나 참회를 하지 않는다고 합니다. 왜냐하면 자신은 늘 정의로운 일만 하고 있다고 착각 속에 살기 때문입니다.

이번 기관병에 대한 육군대장 부부의 '갑질' 논란도 같은 맥락은 아니었을까 싶습니다. 육군대장과 사병은 그 높낮이를 가늠할 수 없는, 그야말로 하늘과 땅 차이입니다. 따라서 육군대장 부부는 '갑질'이 아니라, 당연한 자신들의 권리이자, 특권이라고 생각했을 것입니다. 그런데 그들은 한마디로 시대의 변화에 둔감했고, 또 군의 울타리를 벗어나면 똑같은 인간, 민간인이란 사실을 간과한 것입니다.

따라서 군의 '비정상'들이 '정상'이 될 때, 비로소 우리 군은 강군(强軍)이 될 수 있습니다. 정부나 군 관계자들 모두 이 같은 사실을 명심한다면, 다시는 오늘날과 같은 하급자에 대한 '갑질' 논란은 생겨나지 않을 것입니다. 물론 작금에 터져 나온 공관병이나 당번병에 대한 상관들의 '갑질' 논란은 여전히 빙산의 일각일지도 모릅니다.

그런데 유감스럽게도 이번 사건을 계기로 공관병 제도를 아예 폐지한다니, 또 다시 소 잃고 외양간 고치는 우를 범하는 것은 아닌지……. 문제가 있다면 이를 개선하고 보완하면 될 일입니다. "구더기 무서워 장 못 담근다."는 식으로 아예 싹을 잘라 버리는 것은 진정한 해결책이라고 말할 수 없습니다.

그런데 없애겠다던 공관병 자리 일부를 '공관부사관'으로 대체 운영하고 있다고 하니, 여전히 사건의 본질을 모르는, '눈 가리고 아웅은 물론 전형적인 땜질식 처방'을 한 셈입니다. 때문에 또 다시 유사한 사건이 터지게 되면 군에서는 어떤 군색한 변명을 늘어놓을지 지금부터 궁금해집니다.

젊은 봄날의 환상

인생이란 누구나 한 번쯤 시도해 볼 만한 것이다.

〈헨리 틸만〉

한바탕 회오리바람이 스치며 지나가자 산등성이의 잔설들이 무질서한 데모 군중처럼 아우성을 칩니다. 봄을 시샘하는 동장군이 이제는 다 낡아 빠진 녹슨 칼을 마지막 휘둘러보는 심술 때문일까요, 아니면 계절의 여신께서 봄이란 옥동자를 출산키 위해 마지막 진통을 겪고 있는 것일까요. 그렇다면 서둘러 가마솥에 불을 지피고 서투른 솜씨로나마 미역국을 끓일 채비를 해야 할 텐데⋯⋯.

한겨울에 창밖에 조용히 가볍게 서성이는 하얀 눈은 눈부시도록 아름답습니다. 그 속엔 인간 본래의 순수한 감정이 혈기에 넘치는 청춘들의 순결한 사랑을 잉태하는 그리움과도 같은 향수가 있습니다.

그러나 저렇듯 동면의 두꺼운 허물을 벗으려는 봄 처녀들의 마음을 기만하고 발광하는 겨울의 마지막 초췌한 모습은 결코 동정의 대상도, 선망의 마돈나도 될 수 없습니다. 그래서 결국 겨울은 유행가의 한 토막 가사처럼 이별이란 두 글자를 눈망울에 쥐어짜며 홀연히 떠나고 꿈과 희망과 영롱한 무지갯빛 사랑만을 갖게 해달라고 두 손 모아 기도하던 어느 철부지 소년의 바람처럼 봄은 소리도 없이 마음과 마음에 찾아 와 옛정을 토로하나 봅니다.

긴긴 기다림 속에 꿈을 털고 일어난 봄은 오자마자 숨 가쁜 턱걸이를 합니다. 도회지에서 금지옥엽 자란 막내딸이 사랑 때문에 층층시하의 신랑 집으로 시집가던 첫날처럼 정신없는 인생 곡예를 해야 하는 것입니다.

밤낮없이 등골 오싹하는 아슬아슬한 곡예 속에 어느 사이에 꽃을 피워 향기를 부도낼 때면 나는 붉게 타는 찬란한 봄의 태양 아래 해묵고 낡은 마음을 훨훨 벗어버리는 희열을 만끽합니다. 그리고 곁에 누가 없어도 그저 좋은 봄의 화려한 침실에 꽁꽁 숨어 잃어버린 세월의 흔적들을 뒤적이며 정열에 불타는 사랑의 대화로 추억을 반추하는 여유를 갖습니다.

정녕 겨울 뒤에 온 나의 봄은 지금 내 작은 가슴 속에 사랑하는 춘향이처럼 귀엽게 둥지를 틀고 있습니다. 이 지극히 행복한 순간에 잃어버린, 잃어야 할 나르시스의 넋을 애도하고 추모하고 있는 것은 어쩌면 궤변일까요?

사랑을 도적맞은 뒤의 허탈감, 이별이란 오묘한 매력이 스치고 지나간 자취의 환상 때문일까요. 건방지게도 내 사랑을 송두리째 앗아간 여인, 보고 싶습니다. 도대체 그 여인이 누구란 말입니까? 여인은 곁에서 늘 조용히 웃고 있었습니다. 그래서 사랑했습니다. 조건 없는 사랑……

누군가 현대인들에겐 사랑은 없다고 했습니다. 있다면 진정한 사랑 대신 서로의 필요 때문이라고 했습니다. 그러나 나는 필요 때문이 아닌, 진정한 사랑 때문에 사랑했습니다. 여인은 지금 내 가슴 속에 봄이 미소 짓고 있듯 내 품에 잠든 깨물고 싶도록 아름다운 한 마리 파랑새였습니다.

그런데 그 여인은 전설 속에 후조처럼 겨울이 떠나가듯 봄의 창공을 훨훨 날아갔습니다. 여인과 만난 것은 황혼이 지던 어느 해 가을 오후였고, 여인을 떠나보낸 것은 이별의 환상곡이 뚝뚝 지던 봄날, 눈부시도록 아름다운 봄날 아침이었습니다.

여인은 그렇게 떠나갔고 나는 떠나보낸 것입니다. 그러나 결코 울지는 않았습니다. 모든 것은 운명이었노라고 체념하기 전에 겨울이 남기고 간 텅 빈 자리에 그렇게 봄이 소리도 없이 찾아 왔듯이 또 다른 여인을 사랑하면 그만이라고 생각했습니다.

퇴화된 날개를 파닥이며 현대의 조롱 속에 갇혀 가장 유능한 채, 가장 현명한 채, 인생 곡예를 하고 있는 현대인들의 사랑이란 바로 그런 것이라고 자위하면서. 유행에 뒤진 구식 옷을 훨훨 벗어버리듯 내팽개쳐 버리면 그만인 것이라고……. 털썩 풀밭에 주저앉아 내 거울에 투시된 봄의 의미를, 한밤을 가르는 기적 소리를, 붐비는 거리의 소음을 들었습니다.

나는 왜 이 찬란한 계절에 아름다운 찬가만 듣도록, 삶이 뛰노는 심장의 고동 소리만 듣도록, 두 귀를 열어 두지 못하고 귀를 꼭 막은 채 몸부림쳐야 하는 것일까요?

진정 봄은 내게 왔어도 끝없는 환상만이 뜨거운 햇살 속에 눈부실 뿐입니다. 그 뜨거운 햇살의 그림자를 쫓다 교통사고로 죽어 간 가엾은 한 친구의 무덤 앞에서. 거추장스런 껍데기를 벗어 던지고 알몸으로 '생각하는 사람'을 생각하고 싶습니다.

분명 나의 젊은 날은 우울했고 사랑하기도 전에 이별의 찬가를 불러야 했던 아픔이 헌 누더기처럼 닥지닥지 기운 상처투성이였습니다. 그래도 토큰 한 개의 자존심은 살아서 철학도 아닌 철학도의 가면을 몇 개씩 뒤집어쓰고 불빛 흐린 목로주점에서 니체를 벗 삼아 내 인생에, 내 사랑에 '?'를 붙여 고고한 성을 쌓고 밤이 새도록 술을 마시며 세상을 비웃고 타협의 모순을 외쳐 댔었습니다.

젊었습니다. 아니 철부지였습니다. 메피스토펠레스가 파우스트 박사의 영혼을 빼앗으려 했듯 참말 어리석게도 또 다른 내가 나를 그렇게 비참하고 우울하고 슬픈 올가미 속으로 내동댕이쳐 버린 것입니다. 그러나 니체의 신도 사르트르의 중심을 상실한 실존도 황천길 막차를 타고 기나긴 폭풍은 끝났습니다.

그리고 폭풍이 할퀴고 간 땅에도 싹은 트고 꽃이 피듯이 고맙게도 봄이란 이방인은 어머니 같은 보드라운 손길로 상처와 모순투성이인 나의 영롱한 영혼 속에 활기에 찬 의욕과 생동하는 거룩한 성스러운 미소를 빚어내고 있는 것입니다.

지금 조금은 흐릿한 동공에 머물고 있는 하늘은 파란, 청명한 가을 하늘이 아닌 봄의 열기, 봄의 미소, 봄의 사랑이 모여서 풍악을 올리는 행복이 가득찬 광장입니다. 세속의 모든 부조리, 허세와 가식 속에 허우적거리며 헤엄치고 있는 나 자신까지도 망각해 버리기에 충분한 그런 마음의 보금자리입니다.

이제 이별의 소야곡일랑, 노스탤지어의 하얀 손수건일랑 걷

어치우고 영원히 사랑해야 할 나의 여인으로부터 그림엽서가, 아니 끝내 그 엽서가 날아들지 않더라도 나는 쓸 것입니다. 봄이 뛰노는, 나의 사랑이 철철 넘치는 순결한 여백 위에 수신인 없는 편지를 쓸 것입니다.

"사랑해요! 봄, 봄, 봄!"

멋진 삶, 아름다운 죽음

아직 삶을 모르는데 어찌 죽음을 알겠는가.

〈논어〉

사람들은 죽음에 대해 이야기하는 것을 그리 달가워하지 않습니다. 그러나 있던 것은 없어지고, 태어난 것은 결국 죽기 마련입니다. 삼라만상의 법칙이라고 할 수 있는 '생성소멸의 법칙'은 그 어떤 것에도 예외를 허락하지 않습니다.

그 누구도 세월의 흐름을 막을 수 없고, 노화의 과정과 죽음은 한마디로 인간의 운명이자, 숙명입니다. 이런 까닭에 잠시만이라도 죽음에 대해 진지하게 곱씹어 본다면 삶의 태도나 질 또한 달라지지 않을까 싶습니다.

하루하루 이어지고 있는 인간의 삶은 늘 죽음과 맞닿아 있습니다. 따라서 죽음이란 것이 결코 새삼스러울 것도 없고, 유별난 일도 아닙니다. 그런데 유감스럽게도 사람은 죽음을 직접 경험할 수 없습니다. 직접 죽음을 경험한 순간, 이미 이 세상 사람이 아니기 때문입니다.

사람은 가족, 지인, 친구, 반려 동물 등의 죽음을 통해 간접적으로 죽음을 경험하며 살아갈 뿐입니다. 이 경험들을 바탕으로 자신의 죽음을 생각하고 스스로의 삶을 되돌아보는 기회를 갖게 됩니다. 누군가의 죽음을 보고 느끼면서 나 자신의 삶을 새롭게 발견하는 것입니다.

그리스와 로마인들은 떳떳하고 자랑스러운 죽음을 맞이할 수 있는 삶이 가장 이상적이라고 믿어 왔습니다. 성서에도 **"너는 흙에서 왔으니 흙으로 돌아가리라."**라는 표현이 있습니다. 흙에서 왔다는 것은 '삶'을 의미하고, 흙으로 돌아간다는 것은 곧 '죽음'을 의미합니다. 이는 흙 안에 삶과 죽음이 함께 공존한다는 뜻이기도 합니다.

하이데거는 삶과 죽음에 대해 다음과 같이 말하고 있습니다.

"편견을 가진 사람들에게는 삶은 단지 삶이고, 죽음은 죽음일 뿐이다. 그러나 삶의 존재 방식은 죽음이다. 왜냐하면 삶을 구성하는 모든 것은 죽음을 시작하고 또한 죽음을 행하기 때문이다. 따라서 죽음은 동시에 삶이다. 그런데 오로지 인간만이 죽는다. 다른 생물들은 분해될 뿐이다. 그들은 멸망으로 인해 그 의미를 캐지 않는다."

따라서 의미 있는 멋진 인생을 살기 위해서는 먼저 죽음을 바로 보고 죽음을 긍정할 줄 알아야만 합니다. 죽음을 긍정하며 살아갈 때 삶의 자세는 더 진지해지고 숙연해지며, 집착하는 것들로부터 벗어나 자유로운 삶, 인간다운 삶을 살 수 있습니다.

소크라테스 역시 제자 크리톤과의 대화에서 **"사는 것이 문제가 아니라, 잘 사는 것이 문제다."**라고 말하고 있습니다. 이는 하루하루를 단순히 사는 것이 아니라, 잘 사는 것이 중요하다는 의미입니다. 여기서 '잘'은 '아름답게 사는 것, 귀하게 사는 것, 정의롭게, 진실하게 사는 것'을 뜻합니다.

사람은 모두 죽음을 피해갈 수 없기 때문에 다가올 죽음에 대해 억울해 할 일도 없고, 슬퍼할 일은 더더욱 아닙니다. 그저 욕심을 내려놓고 하루하루 창조적인 삶을 열심히 살다가, 어느 날 아름답게 죽음을 맞으면 될 일입니다.

죽음 역시 끝이 아니라, 또 다른 시작인 까닭입니다.

나의 은인들

은혜를 베풀고는 그것을 기억하지 말고,
은혜를 받으면 그것을 결코 잊지 말라.

〈킬론〉

사람들은 한평생을 살면서 알게 모르게 많은 사람들을 만나고 신세를 지면서 살아갑니다. 이들이 바로 우리 삶의 은인들입니다. 저 역시 혼자의 힘으로 지금 이 자리에 있는 것이 아닙니다. 알게 모르게 부모님은 물론 많은 지인들의 도움과 배려가 있었기에 지금 여기에 있는 것입니다. 그럼에도 불구하고 제 잘난 맛에 그 같은 사실을 까맣게 망각한 채 살아가고 있습니다. 그때마다 자책도 하고, 은혜를 잊지 않고자 노력도 해 보지만 늘 마음뿐, 역부족임을 느낍니다.

저에게는 부모님을 제외하고 특별히 기억에 남는 은인으로서 두 분의 은사님이 계십니다. 한 분은 고등학교 2학년 때 담임선생님이시고, 또 한 분은 박사 과정 지도 교수님이십니다. 물론 초등학교에 입학해 박사 과정을 졸업할 때까지 많은 선생님과 교수님들의 가르침과 도움을 받았지만, 특히 이 두 분의 관심과 도움이 없었다면 현재의 제 자신이 존재하지 않았을지도 모릅니다.

고향인 목포에서 중학교를 마치고 서울로 유학을 와 상고에 진학한 저는, 은행 취직이 최대 목표였습니다. 1960년대 당시에는 지금과 달리 공부는 잘 하지만, 집안 형편이 어려운 학생들이 주로 상고에 진학하던 시절이었습니다. 그리고 은행원은 늘 신랑감 상위 순위의 인기 직종 중 하나이기도 했습니다.

그런데 2학년 2학기 말, 어느 날, 한창 취업 준비 중이던 저를 담임선생님께서 부르셨습니다. 그리고 이런저런 이유를 들어 은행 취업 대신 대학 진학을 권하셨습니다. 그러나 제가 서울까지 유학 와 상고에 진학한 까닭은 부모님 도움 없이 은행에 먼저 취직해, 돈을 모아 야간 대학에 진학할 생각을 갖고 있었기 때문입니다. 물론 시골서 서울로 유학을 올 정도였으니 집안이 크게 어렵지는 않았습니다. 다만 어려서부터 부모님 신세를 안지고 스스로 독립해야 한다는 생각을 늘 갖고 있었습니다. 그래서 서울로 유학을 오면서도 인문고가 아닌 상고 진학을 선택한 것입니다.

담임선생님의 갑작스런 진학 권유를 받고 보니 어린 마음이 마구 흔들렸습니다. 결국 저는 담임선생님의 권유에 따라 은행 취업 공부를 포기하고 대학에 진학하기로 진로를 180도 바꾸었습니다. 그런데 진학 공부 학과목과 취업 공부 학과목이 크게 달라 진학 준비를 하면서 애를 많이 먹었습니다. 그 결과 대학 입학시험에서 낙방이란 '쓴잔'을 여러 차례 마셔야만 했습니다.

어찌됐든 상고를 졸업한 까닭에 세칭 '스카이 대학' 경영학과와 경제학과를 지원했었습니다. 그러나 시험 운이 없었던지, 실력이 부족했던지, 합격자 명단에서 제 이름 석 자는 늘 빠져 있었습니다. 그런데 처음부터 경쟁률이 조금 낮은 학과나 이과를 선택했었더라면 삼수(三修)를 하는 아픔을 겪지 않아도 되었을 것입니다.

낙방의 아픔을 간직한 채, 자의 반 타의 반으로 뜬금없이 이과인 전자계산학과를 선택해 진학을 했습니다. 사실 전자계산학과에 지원을 하면서도 그 학과에서 무엇을 가르치고 취업 전망은 어떤지 전혀 알지 못했습니다. 1970년 대 초, 정부에서 처음 컴퓨터 도입과 함께 만들어진 신설 학과였기 때문입니다.

우여곡절 끝에 학부와 석사 과정을 어렵게 졸업하고 대학으로 자리를 옮기면서 박사 과정 진학이 필요했습니다. 그러나 컴퓨터 도입 초창기였기 때문에 전공한 전자계산학 박사 과정은 당시 서울의 5개 대학(숭실대, 광운대, 동국대, 중앙대, 홍익대)에만 개설돼 있었습니다. 따라서 입학 경쟁률이 매우 높고 또 치열했습니다. 때문에 입학할 마땅한 대학을 찾지 못한 채, 노심초사하고 있었습니다.

그러다 과거 회사원 시절에 함께 근무했던 한 선배께서 모 대학 교수로 가 계신다는 사실을 우연히, 참으로 우연히 알게 되었습니다. 회사를 퇴사하고 5년 정도 서로 연락이 끊겼었는데……. 급한 마음에 체면불구하고 찾아가 박사과정 입학을 부탁드렸습니다. 입학 경쟁률이 치열해 여러 가지로 쉽지 않은 상황이었습니다.

그러나 다행스럽게도 교수님의 도움과 배려로 박사 과정에 입학을 하게 되었습니다. 그리고 각고의 노력 끝에 만 5년 만에 공학 박사학위를 받았습니다. 박사학위를 받던 날은 어려웠던 시절의 일들이 주마등처럼 스쳐 지나가, 눈물이 다 났습니다. 아마도 감격의 눈물이었을 것입니다.

돌이켜 보면 지금까지 오는 데, 우여곡절도 많았고, 고생도 참 많이 했습니다. 그러나 한편으로는 억세게(?) 운도 좋았고, 또 따랐습니다. 대학 낙방이란 아픔을 여러 차례 경험하며, 조금

돌고 돌아서 왔지만, 지난날의 선택을 결코 후회하지 않습니다. '고생 끝에 낙이 온다.'고, 선생님의 권유로 취직 대신 진학 선택은 저에게는 결국 전화위복의 계기가 되었기 때문입니다.

아마도 상고를 그대로 졸업한 후, 은행에 취직하고 야간 대학을 갔었더라면, 은행 지점장 정도 하고 벌써 퇴직을 했을 것입니다. 우수한 성적으로 상고를 졸업하고 은행에 취직한 동창들이 대충 그런 길을 걸었기 때문입니다.

이제 또 다른 인생을 시작하는 길목에서 돌이켜보니, 두 분 은사님의 은혜가 하해와 같았음을 다시금 실감하고 있습니다. 그럼에도 불구하고 두 분 은사님의 은혜에 대해 바쁘다는 핑계로, 저 살기 힘들다는 변명으로 백분의 일, 아니 천분의 일도 보답하지 못한 채, 살고 있는 자신이 늘 죄송하고 부끄러울 따름입니다.

물론 마음속으로는 늘 감사함을 잊지 않고 있지만…….

그래도 저는 '배은망덕한 제자'임에 틀림없습니다.

산, 산, 무등산(無等山)

등산하는 사람은 산의 법칙에 따라 행동할 줄 아는 사람이며,
언제나 배워야 한다고 느끼는 사람이다.
〈헤르만 후버〉

세계 최고봉 에베레스트를 인류 최초로 오른 뉴질랜드 산악인 에드먼드 힐러리 경은 어느 기자가 **"왜 산에 가느냐?"**고 묻자, **"산이 거기 있기 때문에 오른다."**라고 대답했습니다.

제 자신 역시 언제부터 산을 좋아했는지는 확실치 않습니다. 주말부부 생활을 시작하면서 주말에 상경하지 못할 때 무료함을 달래기 위해 산에 오르기 시작하면서부터 그냥 산이 좋아졌다는 말이 옳을 것입니다. 그렇다고 높은 산들을 주기적으로 오르는 것은 아닙니다. 굳이 남한에서 오른 높은 산을 꼽으라면 한라산과 오대산 정도가 고작입니다.

직장이 광주인 관계로 이틀 걸러 한 번 정도 오르고 있는 광

주 무등산이 있습니다. 무등산의 경우도 오를 때마다 늘 정상까지 가는 것은 아닙니다. 내 나름대로 몇 개의 코스를 개발해 그날그날 컨디션에 따라서 산을 오르기 때문입니다.

저는 가끔 제자들을 데리고 산행을 합니다. 그런데 요즘 학생들은 산에 오르는 것을 싫어합니다. 아마도 힘들기 때문일 것입니다. 산행을 마치고 산 아래 유원지에서 막걸리 잔을 기울이며 학생들에게 늘 질문을 합니다.

"내가 왜 산에 가자고 했는지 아느냐?"고 말입니다.

학생들 대답은 그야말로 제각각입니다. "훈련시키려고, 학생들 바람 쏘이게 하려고, 교수님이 심심해서……." 등등. 물론 모두 내가 바라는 정답이 아닙니다.

저는 제자들에게 말합니다.

"산에는 오르막도 있고, 내리막도 있고, 평지도 있는데, 이것이 바로 우리 인생의 희로애락의 축소판이란 것을 가르쳐 주기 위함"이라고…….

그때서야 학생들은 비로소 제 숨은 뜻을 이해하고 수긍합니다.

산에 올라 심호흡을 하면 산의 정기가 뼛속 깊은 곳까지 스며드는 것 같아 기분이 좋아집니다. 혼자 산행을 할 때는 나무들은 물론 새들에게도 말을 걸어 봅니다.

운 좋은 날에는 다람쥐나 청솔모하고도 마주칩니다. 그런데 녀석들은 경계심이 매우 심해 잠시 쳐다보다 쏜살같이 도망쳐 버립니다. 때때로 미친 사람처럼 혼자 중얼거리며 스스로에게 이야기하기도 합니다. 가다 힘들면 되돌아 그냥 내려옵니다. 혼자만의 산행의 장점입니다.

광주 무등산은 어머니 품속처럼 참으로 포근하고 편안한 산입니다. 그런데 왜 무등산이라고 했는지 알 길이 없습니다. 어느 날 직장 동료 교수와 산을 오르다 문득 "무등산이란 워낙 산이 못(?)생겨 산 축에도 못 들어 이름이 그리된 것이 아닌가?"라고 물은 적이 있었습니다. 이 말을 들은 동료 교수는 절대 그렇지 않다고 펄쩍펄쩍 뛰었습니다.

무등산이란 이름을 갖게 된 데는 두 가지 설이 있습니다. 하나는 산이 너무 예뻐 등수를 도저히 매길 수 없어 무등산이 되었다는 설입니다. 또 하나는 이성계가 조선을 창건하고 전국의 유명산은 모두 올랐는데, 유독 전라도의 무등산만 오르지 못해 이름이 그리되었다는 설입니다.

제 생각으로는 첫 번째 설이 더 신빙성이 있다고 봅니다. 두 번째 설은 무등산의 가운데 '등(等)' 자가 한자로 '오를 등(登)'이 아니기 때문입니다. 그러나 그것이 뭐 그리 중요하겠습니까.

무등산은 2013년 도립공원에서 '국립공원'으로 승격되었고, 2018년 4월, 유네스코는 주상 절리대와 화순 적벽 등 무등산 권역을 '세계지질공원'으로 지정했습니다. 제주도와 경북 청송에 이어 국내 세 번째 인증입니다. 유네스코가 지정한 세계 지질공원은 현재 55개국에 127곳이 있는데, 무등산도 이번에 그 대열에 당당히 합류한 것입니다.

무등산은 광주시민들의 보물이자, 광주의 상징이기도 합니다. 특히 시내 가까이 언제든 오를 수 있는 무등산이 있다는 것은 광주 시민들에게는 큰 축복입니다.

저 역시 무등산이 한없이 좋습니다. 때문에 광주를 떠나는 그날까지 오르고 또 오를 것입니다. 어느 날 무등산에 올라 무등산을 생각하며 읊조린, 어설픈 시 한 수를 적어 봅니다.

산이 좋아
산에 온다

산이 내게 온 것인가
내가 산을 품은 것인가

땀 내음 나면 어떠랴
나무 향기 더 좋은 것을

산이 내 마음속에 있고
산속에 내 마음이 있네
산이 좋아
산에 온다

갈바람 반갑고
산새 노래 즐겁다

산이 좋아
산에 온다

해질녘의
애잔한 그리움도 따라 온다

나의 직업, '교수'

사람의 천성과 직업이 맞을 때 행복하다.

〈베이컨〉

고용노동부 통계를 보면, 우리나라의 직업의 수는 대략 1만 4천여 개 정도 됩니다. 참으로 많은 종류의 직업이 있습니다. 이들 직업 중 어떤 직업이 좋은 직업인가 하는 것은 사람에 따라, 사회적 가치 기준에 따라 다를 수 있을 것입니다. 그런데 사람들은 저마다 직업을 갖고, 그 직업을 통해 자신을 구현하면서, 가족 생계를 꾸리며 살아갑니다.

꽤 오래 전, 김대중 전 대통령 시절, 인사 수석을 지냈던 분과 함께 광주 어느 여성 단체의 초청으로 특강을 한 적이 있습니다. 그분이 나보다 먼저 특강을 했는데, 주제가 '직업'에 관한 것이었습니다.

그분은 자식들에게 세 가지 직업, 즉 '의사, 경찰, 판·검사'는 하지 말라고 조언하고 있다고 했습니다. 이유인 즉, 의사는 하루 종일 아픈 환자만을 상대해야 하고, 경찰, 판·검사는 늘 잘 못을 저지른 범인들과 씨름해야 하기 때문이라고 했습니다.

물론 이들 직업은 돈과 명예는 어느 정도 따를지 모르겠지만, 좋은 직업은 결코 아니라는 것이 그분의 지론이었습니다. 일견 일리 있는 주장 같기도 했지만, 그러나 의사, 경찰, 판·검사가 없다면 이 사회가 과연 어떻게 될지, 걱정이 앞섰습니다. 치료 받지 못한 환자들이 넘쳐 나고, 범죄자들이 들끓는 세상이 된다 면……, 생각만 해도 끔찍한 일입니다.

그런데 지금 생각해 보면, 조부께서도 어린 손자에게 의사가 되라고 말씀하셨던 것 같습니다. 그런데 대학의 이과 계열에 진학했지만, 제 자신은 단 한 번도 의사가 되고 싶다는 생각을 해보지 않았습니다.

그리고 대학 4학년 1학기 말, 우리나라 굴지의 모 화장품 회 사의 전산실 신입 사원으로 입사를 했습니다. 처음 입사한 회 사 생활은 그런대로 재미가 있었습니다. 대우는 물론 환경도 좋았습니다. 그래서 처음에는 천직처럼 생각을 하고 덤벼들었 는데…….

어느 날부터 날마다 프로그램 짜고, 밤샘을 밥 먹듯 해야 하 는 회사 생활에 조금씩 회의가 들기 시작했습니다. 물론 어느 시점이 지나면 승진도 할 것이고, 간부도 될 수 있겠지만, 상하 조직의 틀 속에 갇혀 살아야 한다는 사실 때문에 회사생활은 점점 숨이 막힐 지경이었습니다.

그래서 회사에 계속 남을 것인가, 다른 길을 택할 것인가에 대한 결단이 필요했습니다. 결국 회사생활을 과감히 청산하고, 서울의 어느 여자 상업고등학교 교사로 자리를 옮겼습니다. 대학 다닐 때 따 놓은 교사자격증이 있었기에 가능한 일이었습니다. 그리고 일반 대학원에 진학을 했습니다. 대학원 졸업과 동시에 대학 교수가 되었습니다.

그런데 살아오면서 의사와 마찬가지로 제 자신, 스스로 교수가 되겠다는 생각을 단 한 번도 해보지 않았다는 사실입니다. 바이런이 그랬던가요.

"어느 날 깨어 보니 유명해졌더라."라고 말입니다.

저 역시 어느 날 깨어 보니, 교수가 돼 있었습니다. 교수로 재직하는 동안, 저는 저의 교수란 직업이 늘 자랑스러웠습니다. 그 까닭은 우리나라를 짊어지고 갈, 아니 세계를 짊어지고 갈 젊은이들을 가르치고, 늘 그들과 함께 호흡할 수 있었기 때문입니다. 또 그 제자들 중 몇 명은 이 세상을 이끌어 갈 동냥이 될 수도 있다는 희망이 늘 있었기 때문입니다.

이런 까닭에 다시 태어난다면 저는 다시 교수직을 갖고 싶습니다. 그리고 지금보다 더 열심히 학생들을 가르치고, 특히 인류의 미래를 위한 연구에 매진하고 싶습니다.

변명 같지만 지금까지는 그럴 여건도 안 되었고, 그렇게 하지도 못했기 때문입니다.

연어와 인간

생각을 바꾸면 세상을 바꿀 수 있다.

〈노먼 빈센트 필〉

혹시 정선우 감독의 영화 〈화엄경〉을 보셨나요?
거기에 이런 화두가 등장합니다.

"흐르는 것을 따르시오. 흐르지 않는 것을 따르지 마시오."

무슨 뜻일까요? 마음 가는 대로 하라는 말 정도로 들립니다.
그런데 '흐르는 것을 따르라'는 구절에는 굉장한 경지의 의미가
담겨져 있습니다.

인간을 연어에 빗대어 풀이하면 조금은 그 의미를 쉽게 이해
할 수 있을지도 모르겠습니다. 연어에겐 지느러미가 있습니다. 앞
에도, 뒤에도, 등에도, 꼬리에도.

연어는 이 지느러미들을 이용해 헤엄을 치며 삽니다. 강물의
연어에게 삶은 말 그대로 투쟁입니다. 거센 물줄기에 휩쓸리지
않으려면 정신을 바짝 차려야 합니다. 또한 지느러미의 근육을

강하게 키워야만 합니다.

　그런데 참 이상합니다. 앞과 뒤, 등과 꼬리의 지느러미 힘을 아무리 키워도 앞으로 나갈 수 없을 때가 종종 있습니다. 때로는 죽어라 헤엄을 쳐도 뒤로 밀려가기만 할 뿐, 힘은 힘대로 다 빠지고 바다에서 더 멀어지고 맙니다. 이상하게도 고집을 부리면 부릴수록 더더욱 그렇습니다. 그럴 때는 마음을 더 굳게, 독하게 먹습니다. 고집도 더 세게 부립니다.

　"이 거센 강줄기에 더 이상 지지 않을 거야."

　그렇게 오기를 부리며 다짐을 합니다. 바다로 가는 험난한 길에서 믿을 것은 연어 자신밖에 없기 때문입니다. 그런데 이상하게도 그럴수록 충돌은 더 잦아집니다. 결국 앞뒤좌우에 부딪치고, 다치고, 상처 받고 절망에 빠집니다. 연어 자신은 그 이유를 도무지 알 수가 없습니다. 나의 힘이 아니라면 도대체 누구의 힘으로 바다로 가야 할지 말입니다.

　지칠 대로 지친 연어는 지느러미를 멈춥니다. 끝없이 벌렁대던 아가미도 멈춥니다. 강물을 이기지 못하면 내가 죽는다는 고집스런 마음까지 모두 멈춥니다. 그랬더니 놀라운 일이 일어납니다. 가만히 있는데도 자신의 몸이 흐르기 시작하는 것입니다.

　"이게 뭐지? 왜 몸이 가만히 있 데도 이렇게 가고 있지?" 호기심이 생긴 연어는 좀 더 몸을 맡겨 봅니다. 그리고 연어는 눈을 감습니다.

"이 에너지는 어디서 나오나? 누가 나를 바다로 이끌고 있나?"

연어는 몸을 온전히 강물의 흐름에 맡겨 봅니다. 그러자 흥미로운 사실을 발견하게 됩니다. 그건 바로 강물의 에너지였다는 단순한 사실을……. 자신을 바다로 이끄는 것은 바로 강물의 뜻이었습니다.

그제야 연어는 깨닫습니다. 지금까지 연어 자신의 뜻이 강물의 뜻을 어기고 있었음을 말입니다. 강물은 한순간도 놓치지 않고 연어 자신을 바다로 바다로 밀어내고 있었던 것입니다.

"그렇구나. 내 뜻을 허물수록 강물의 뜻이 드러나고, 내 마음을 멈출수록 강물의 마음이 흐르는구나."

그것을 알게 되자 연어의 삶은 달라지기 시작했습니다. 연어는 더 이상 고집을 부리지 않기로 했습니다. 강물의 흐름을 타기 위해 지느러미를 사용할 뿐입니다. 그러자 바다로의 여정이 놀라우리만치 편해졌습니다. 연어는 깊이 깨달았습니다.

"흐르는 것을 따르시오. 흐르지 않는 것을 따르지 마시오."란 말의 심오한 의미를 말입니다.

상기의 글은 「현문우답」에 있는 내용 일부를 우리 현실에 맞게 조금 패러디한 것입니다.

미물에 불과한 한 마리의 연어마저도 살기 위해 자연의 순리에 따르는데, 하물며 인간으로서 순리를 거스르고 역행한다면 그 결과는 참담한 패배와 파멸이 있을 뿐입니다. 그와 같은 일은 그동안 인류 역사가 수없이 증명해 왔습니다.

그럼에도 불구하고 사람들은 왜 귀를 막고, 눈을 감아 버린 채, 불행의 늪 속으로 스스로 몸을 던지려 하는지 알다가도 모르겠습니다. 결국 역사는 순리대로 흘러갈 것인데도 말입니다.

아름다운 사은회

아버지로부터 생명을 받았으나,
스승으로부터는 생명을 보람 있게 하기를 배웠다.

〈플루타르크〉

누군가가 오랫동안 잊지 않고 나를 기억해 준다면 행복한 일일 것입니다. 2016년 5월 어느 날, 낯선 한 제자로부터 "다음 달 사은회를 개최하고자 하니 꼭 참석해 주십사" 하는 한 통의 전화가 걸려 왔습니다. 그것도 33년 만에⋯⋯.

전화를 받고 나니, 지난날 교사 시절의 일들이 아련한 추억 속에 주마등처럼 스쳐 지나갔습니다.

혈기 왕성하던 30대 초반, 교수가 되기 전, 두 번째 직장으로 서울의 모 상업고등학교에서 1년은 햇병아리 평교사로, 1년은 1학년 5반 담임으로, 2년은 교무주임(현, 교무부장)으로 만 4년을 근무했습니다.

당시 30년이 넘는 학교 역사에도 불구하고 31살의 그야말로 완전 초보 교사가 교장, 교감, 다음 서열인 교무주임으로 발탁되면서, 경력 많으신 선생님들로부터 알게 모르게 질시와 견제의 대상이 되기도 했습니다.

졸업 앨범 담당인 고참 Y 선생님은 졸업 앨범 사진 배열을 '직책 순'이 아닌, 학교 '임용 순'으로 하는 등, 노골적으로 불편한 심기를 드러내며 몽니를 부리기도 했습니다. 나이 값도 못하는 좀생이 같은 행동을 보면서 기분은 조금 언짢았지만, 교무주임으로서 실력으로 대응할 수밖에 없었습니다.

그런데 그 당시 교장선생님께서 완전 초보 교사를 교무주임으로 발탁하신 이유가 지금도 여전히 궁금합니다. 학교에는 매달 반별 평가를 통해 우수반을 표창하는 '명예반 제도'가 있었습니다. 그런데 우리 반이 3월 첫 달을 제외하고, 1년 내내에 명예반을 차지했습니다.

아마도 학급 담임으로서 1년 동안 학생들과 호흡을 잘 맞춘, 그 능력을 높이 평가하신 것이 아니었을까 추측해 볼 뿐입니다. 그래도 교무주임 자리는 초보교사에게는 지나치게 과분한 자리였습니다.

대학으로 자리를 옮겼을 때 2년 동안의 교무주임 경험은 행정업무 처리를 하는 데 있어서 많은 도움을 주었습니다. 이런 까닭에 당시 초보 교사를 교무주임으로 발탁해 주신 교장 선생님의 은혜를 늘 잊지 않고 있습니다.

사은회를 개최하겠다는 제자들의 마음은 한없이 고마웠지만 사은회에 참석할지 말지 고민이 되었습니다. 그 까닭은 강산이 3번이나 변한, 33년의 만남 자체가 참으로 낯설고 부담스러웠기 때문입니다. 그러나 당시 함께 근무했던 선생님들과 제자들의 안부가 몹시 궁금했습니다. 그리고 이번에 보지 못한다면 다시는 볼 기회가 없을지도 모른다는 생각 때문에 참석하기로 하였습니다.

사은회 당일, 행사장에 도착하자 많은 선생님들과 제자들이 먼저 와 자리를 잡고 있었습니다. 33년만의 만남은 반갑고 감격스러웠습니다. 젊고 활력이 넘치던 선생님들은 대부분 옛 모습 그대로를 간직하고 있었지만, 백발과 주름이 33년의 지난 세월을 말해 주고 있었습니다.

생기발랄하고 철부지 고등학생이었던 제자들은 50대 초반의 아저씨, 아줌마가 돼 있었습니다. 이제는 함께 늙어 가야 할 처지가 돼, 감회가 더 새로웠습니다.

그런데 먼저 세상을 떠난 선생님과 제자들도 있어, 저만 제자들 덕분에 오늘 호사를 누리는 것 같아 미안한 마음도 들었습니다.

행사가 진행되면서 맛있는 식사 대접과 함께 선물도 한 아름 받았습니다. 그리고 33년 만에 제자들의 재롱잔치(?)를 다시 보면서 실컷 웃었습니다. 그런데 궁금한 것도 많고, 할 말도 많았는데, 3시간여의 사은회는 너무나도 짧았습니다.

회자정리(會者定離)라고 했던가요. '만나면 반드시 헤어진다.'는……

그러나 '떠난 자는 반드시 돌아온다.'는 거자필반(去者必返)이란 말도 있습니다.

이번 만남이 마지막이 아니길 간절히 바라면서, 그리고 제자들의 노고와 아름다운 마음에 진심 어린 감사의 말을 전하며, 전철에 몸을 실었습니다.

여행 중독

여행은 정신을 다시 젊어지게 하는 샘이다.

〈안데르센〉

쳇바퀴 돌 듯 반복되는 일상을 잠시 벗어나 어디론가 훌쩍 떠날 수 있다는 것은 사람만이 누릴 수 있는 특권이자, 또 다른 행복입니다. 그래서 사람들은 기회만 되면, 너도 나도 어디론가 미지의 세계를 향해 떠나고자 하는지도 모르겠습니다.

지난해 여름 방학을 이용해 러시아, 덴마크, 스웨덴, 노르웨이, 핀란드 그리고 에스토니아 등 북유럽 6개국 패키지여행을 다녀왔습니다. 패키지여행을 선호하는 까닭은 자유여행이나 배낭여행처럼 숙소, 교통편, 여행지 등을 일일이 신경 쓰지 않아도 되는 장점과 함께 비용도 절반 가까이 절약할 수 있기 때문입니다. 그러나 패키지여행은 여행지에 도착하면 잠시 인증 사진 몇 장 찍고 다음 관광지로 떠나야 하는, 선택의 여지가 전혀 없는 단점도 있습니다.

　북유럽은 서유럽이나 동유럽과는 달리 왠지 멀게 느껴져 그동안 여행을 망설여 왔습니다. 그러나 나이가 더 들면 영영 못 갈 것 같아 용기를 낸 것인데 실제로는 동유럽이나 북유럽 모두, 거리 상 별 차이가 없었습니다. 장거리 비행 여행에 대한 걱정은 그저 저만의 기우에 불과했습니다.

　안데르센의 동화 '인어공주'에 나오는 인어공주 동상은 덴마크 코펜하겐의 랑겔리나 공원 바닷가에 있습니다. 이 동상은 조각가 에드바르트 에릭손이 안데르센의 동화 '인어공주'에서 모티브를 얻어 자신의 아내를 모델로 1913년에 제작하였습니다. 그런데 높이가 겨우 80센티에 불과해, 크기가 매우 작아 실망스러웠습니다. 그러나 이를 보기 위한 외국인 관광객들로 북적여 그 모습이 도리어 더 신기했습니다.

　1923년 완공된 매년 노벨 평화상 시상식이 거행되는 스웨덴의 시청사 내부는 매우 독특했습니다. 800만 개의 붉은 벽돌과 1,900만 개의 금도금 모자이크를 사용하여 일반적인 시청이라고 하기에는 놀라울 정도로 규모가 크고 아름답게 치장돼 있었기 때문입니다. 그런데 2,000년 김대중 전 대통령도 노벨 평화상을 이곳에서 수상했다고 하니, 대한민국 국민의 한 사람으로서 감회가 더 새로웠습니다.

아기자기한 덴마크나 스웨덴은 끝없는 평야 위에 자작나무 숲과 밀밭만 보일 뿐, 산은 거의 볼 수 없었습니다. 그런데 노르웨이는 분위기가 전혀 달랐습니다. 또 다른 세계에 온 것처럼 높은 산도 많았고, 깊은 계곡도 있었습니다.

만년설을 보기 위해 달려간, 유네스코 지정 문화재이기도 한, 1,500미터 정상에 있는 달슨이바 전망대는 그야말로 압권이었습니다. 전망대에 오르는 길은 매우 비좁고 가팔라, 조금만 방심해도 천 길 낭떠러지 아래로 곤두박질칠 것 같아 차창 밖을 내다볼 때마다 오금이 저렸습니다.

그러나 폴란드 출신 운전기사는 아무렇지 않다는 듯 능숙한 솜씨로 운전을 했습니다. 목적지에 도착해 버스에서 내리면서 내가 엄지를 세우고 "베스트 드라이버(best driver)"라고 치켜세우자, 운전기사는 "탱큐, 탱큐"를 연발하며, 천진스럽게 웃었습니다.

달슨이바 정상은 7월, 한여름임에도 불구하고 만년설이 그대로 남아 있어 관광객들은 너나 할 것 없이 황홀경 속으로 빠져들었습니다. 개구쟁이들처럼 눈밭에 뒹구는 이들도 있었습니다. 그리고 멀리 하얗게 펼쳐 보이는 산맥들과 아름답게 내려

다보이는 피오르드의 모습은 그대로 절경이었습니다.

피오르드는 빙하의 침식으로 만들어진 골짜기에 빙하가 없어진 후, 바닷물이 들어와서 형성된 지형으로 대부분 매우 깊습니다. 노르웨이의 송네 피오르드는 깊이가 1,234m이나 됩니다. 육지로 깊이 파고든 모양으로 횡단면은 U자 모양을 이루며, 피오르드도 이에 상응하는 형태를 갖는 것입니다.

게이랑에르 피오르드에 있는 7자매 폭포는 특히 인상적이었습니다. 오슬로 국립 미술관에서 만난 에드바르 뭉크의 '절규'도 잊을 수가 없습니다.

그리고 밤 10시가 넘어도 해가 지지 않는 백야와 6만 4천 톤급의 호화 크루즈에서의 3일 간의 숙박 여행은 또 다른 특별한 경험이었습니다. 크루즈 안에는 면세점, 레스토랑, 게임 룸, 체력 단련장, 스파 등등 각종 편의 시설들이 갖추어져 있었습니다.

크루즈 내의 뷔페식당은 음식 가지 수가 너무나 많아 식사 때마다 무엇을 먹어야 할지 늘 고민을 해야 했습니다. 그런데 가이드 말로는 실제 크루즈 선은 10만 톤 이상이 돼야 그나마 명함이라도 내밀 수 있다고 해, 그 크기를 상상하기 어려웠습니다.

핀란드의 시벨리우스 공원은 핀란드가 낳은 세계적인 작곡가 잔 시벨리우스를 기념해 만든 공원입니다. 공원이 바다 옆에

위치해 있어 수많은 핀란드인과 외국인들이 찾는 쉼터이기도 합니다. 공원 중앙에는 조각가 에이리 힐 튜넨이 조각한 거대한 스테인레스 파이프 구조물과 시벨리우스 얼굴을 표현한 동상이 있습니다.

그런데 공원에서 이해할 수 없었던 것은 여기저기 개똥 천지로, 발에 밟힐 정도였습니다. 개똥을 공원 수목들을 위한 거름으로 쓰는지는 알 수 없었으나, 외국인인 저의 눈에는 그야말로 꼴불견 중 하나였습니다.

러시아의 성 페테르부르크의 피터 대제의 황금색 여름 궁전(분수 정원), 러시아 최고의 박물관인 겨울 궁전도 아직 눈에 선하고 모스코바의 크레믈린 궁과 붉은 광장도 기억에 남습니다.

그리고 이름은 붉은 광장이지만, 전혀 붉지 않은 광장 왼쪽에 위치한 러시아 최대의 '굼 백화점'은 3층 높이로, 천장은 유리로 돼 있고 외관은 궁전처럼 매우 화려하고 아름다웠습니다. 층이 높지 않는 대신 그 길이가 300미터도 넘을 것 같아 특히 인상적이었습니다.

세계문화유산으로 보호받고 있는 에스토니아의 탈린 역사지구는 예쁜 자갈로 포장된 거리, 중세풍의 건물들과 성벽, 도시 곳곳이 푸른 숲으로 어우러져 아기자기하면서도 고풍스런 분위기를 연출해 또 다른 매력을 뽐내는 곳입니다. 그리고 동유럽, 북유럽, 러시아 문화가 혼재하며 탈린만의 독특한 분위기를 연출하고 있어 외국 관광객들이 많이 찾는 명소이기도 합니다.

이 같은 아름답고 멋진 유럽에도 옥에 티는 있습니다. 어디를 가나 줄을 서야 하고, 대부분 사용료를 내야 하는 불편한 화장실 문화입니다. 화장실이 많지 않은 까닭은 인구수가 적기 때문이라고 하지만, 외국 관광객에 대한 배려가 부족한 것 같아 많이 아쉬웠습니다.

그런데 저의 버킷 리스트에는 '죽기 전에 50개국 이상 여행해 보기' 항목이 들어 있습니다. 이번 여행지를 포함하니 이제 40여 개국이 넘었습니다. 앞으로 목표를 더 채워야 하는데, 벌써부터 가슴이 설렙니다. 여행 중독이 돼 가고 있나 봅니다.

주름살과 집착

남자는 늙어감에 따라 감정이 나이를 먹고,
여자는 늙어감에 따라 얼굴이 나이를 먹는다.
〈콜린스〉

자고 일어나 세수를 하면서 거울을 봅니다. 언제부터인가 전혀 낯선 얼굴이 거울 저편에서 저를 노려보고 있습니다. 제가 아닙니다. 거울 속에는 영원할 것만 같았던, 지난날 멋진(?) 젊은이의 얼굴은 오간 데 없고, 세월의 흔적과도 같은 푸석푸석한 얼굴이 그 자리를 차지하고 있을 뿐입니다.

얼굴 이곳저곳에 주름살마저 가득 넘칩니다. 이런 까닭에 언제부터인가 거울 쳐다보는 일이 부담으로 느껴졌습니다. 현재 자신의 초라한 모습을 겨울의 차가운 골목길처럼 을씨년스럽게 보여주는 거울이 싫어진 것입니다. 젊은 시절의 탱탱하고 윤기 흐르던 얼굴이 아쉽기만 합니다.

그런데 모든 집착은 자신이 소중하다고 생각했던 것이 어느 날 갑자기 사라져 버렸거나, 혹은 부재하게 될 때 자신도 모르게 시작됩니다. 젊음에 대한 집착 때문에 젊음을 되돌리기 위해 얼굴에 손을 댑니다. 칼질을 하고, 주사를 맞고, 다른 곳의 자기 지방을 꺼내 얼굴에 다시 삽입하고, 턱마저 깎는 등등…….

집착이 강해질수록 그만큼 불행도 강하게 작용하며 찾아온다는 사실을 잊은 채 말입니다. 예뻐지려고, 아니 좀 더 젊어 보이려고 얼굴에 칼질하다 목숨을 잃는 경우도 종종 있습니다. 그런데 얼굴을 뜯어 고쳐도 한국의 '영미'가, 이집트의 '클레오파트라'가 될 수는 없는 노릇입니다.

물론 예뻐지고 싶은 욕망이나 젊음을 되찾고 싶어 하는 욕구를 무조건 나무랄 일만은 아닙니다. 인간의 원초적인 소망 중 하나이기 때문입니다. 그러나 이 지구에 살고 있는 75억 명의 인구 중 나와 똑같은 사람은 단 한 사람도 없습니다. 심지어 일란성 쌍둥이마저도……. 지구상에서 나는 유일무이한 독특한 존재입니다.

아름다움의 기준이 무엇인지 모르겠지만, 그저 돈벌이에 눈이 먼 사람들이 자신들의 이익 추구를 위해 만들어 놓은 허상의 덫에 불과합니다. 그 이유는 나라마다, 종족마다 미의 기준이 다 다른 까닭입니다.

그럼에도 불구하고 어리석은 인간들은 그것이 덫인 줄도 모르고 불나방처럼 달려들어 인공적인 미에 집착을 하며, 돈을 물 쓰듯 써 댑니다. 성형외과들만 문전성시를 이루고 있습니다.

그런데 우리나라 성형외과의 의술은 세계 최고 수준으로, 중국인들을 비롯해 세계 여러 나라의 여성들이 선호하고 있습니다. 외화벌이에 한몫을 단단히 하고 있습니다.

요즘 텔레비전에 등장하는 탤런트나 개그맨들을 보면 뚱뚱한 사람도 많고, 개성스럽게 생긴 사람들도 넘쳐 납니다. 과거의 미의 기준대로라면 못생기고 볼품이 없어 솔직히 텔레비전에서 절대 접할 수 없는 그런 얼굴들입니다. 그러나 그들은 전혀 주눅들지 않고 오히려 당당히 텔레비전에 나와 자신들의 역할을 열심히 하고 있습니다. 참으로 대견스럽고 아름다운 모습들입니다.

얼굴이 잘생기고 못생기고를 재단할 수 있는 기준은 그 어디에도 없습니다. 따라서 생긴 대로 즐겁게 살면 될 일입니다. 얼굴 생김새 따라 사는 것이 아니라, '열심히 사느냐, 그렇지 않느냐'의 마음의 자세가 더 중요합니다.

그리고 나이 들어감에 따라 얼굴에 주름살이 생기는 현상도 지극히 당연한 일입니다. 그동안 살아 온 삶에 대한 아름다운 훈장이기도 합니다. 따라서 주름살을 보면서 슬퍼할 것도 부끄

러워할 것도 없습니다. 가는 세월 아무도 막을 수 없고, 되돌릴
수는 더 더욱 없는 까닭입니다.

　그저 자연의 순리대로 순응하면서, 하루하루 묵묵히 열심히,
즐겁게 살면 될 일입니다.

좋은 인연 맺기

지혜로운 자와 동행하면 지혜를 얻고
미련한 자와 사귀면 해를 받는다.

〈솔로몬〉

사람은 세상에 태어나는 순간부터 자의든 타의든 필연적으로 타인들과 많은 인연을 맺으며 살아갈 수밖에 없습니다. 가깝게는 자신을 낳아 주신 부모님과 한 핏줄을 타고 난 형제자매, 부부로서 연을 맺은 남편과 아내, 이들의 분신인 한두 명의 자녀, 가까운 친척, 존경하는 몇 분의 은사님, 그리고 흉금을 터놓을 수 있는 친구 한두 사람 정도……. 이들과 맺어진 인연은 아마도 좋은 인연일 것입니다.

그런데 '사람은 죽을 때까지 얼마나 많은 사람들을 만나 인연을 맺게 될까?'에 대한 흥미로운 연구가 있습니다. 사회학자 쏠리 폴은 100일 동안 평범한 사람의 일상생활을 지켜보면서 그 사람이 만나는 사람의 숫자를 세는 실험을 하였습니다. 이를 토대로 통계를 낸 결과 3,500명이라고 결론을 내렸습니다.

그러나 현대 사회에서는 인터넷이나 SNS로도 소통이 가능하기 때문에 이보다 더 많은 숫자의 사람과 크고 작은 인연을 맺으며 살아간다고 볼 수 있습니다. 또 직업에 따라 그 수는 훨씬 더 늘어날 수 있습니다. 그런데 이들 인연 가운데는 좋은 인연도 있고, 나쁜 인연도 있고, 알게 모르게 스쳐 지나가는 인연도 있습니다.

좋은 인연에는 세 가지가 있습니다. 첫 번째는 **"깊은 만남을 갖는 인연"**이고, 두 번째는 **"생산적이고 창조적인 인연"**이며, 세 번째는 **"행복한 인연"**입니다.

법륜 스님은 『깨달음』이란 책에서 세상살이에서는 좋은 인연, 나쁜 인연이 따로 없다고 했지만, 살다 보면 나쁜 인연도 있음을 실감하게 됩니다.

나쁜 인연도 세 가지를 꼽아 보면, 첫 번째는 **"불순한 목적으로 맺어진 인연"**이고, 두 번째는 **"비생산적이고 비창조적인 인연"**이며, 세 번째는 **"서로 만남으로써 불행해지는 인연"**입니다.

사람들은 잘못 맺어진 나쁜 인연 때문에 많은 고통과 회환 속에 하루하루를 사는 경우 또한 비일비재합니다. 철석같이 믿었던 형제자매, 친구, 지인에게 사기를 당하기도 하고, 끔찍이 사랑한 연인으로부터 하루아침에 배신을 당하는 경우도 많기 때문입니다.

나쁜 인연도 이승에서의 인연인 까닭에 피치 못할 사정 때문에 맺어진 것이라고 너그러이 이해하면 될 일이지만……, 범인(凡人)으로서 이해하기란 결코 쉽지 않은 일입니다. 그래도 사람과의 인연은 소중한 것으로, 이왕 만난 인연은 좋은 인연이든, 나쁜 인연이든 그 인연을 쫓아가는 것이 옳을 것입니다.

그리고 알게 모르게 잠시 머물다 스쳐 가는 인연도 있는데, 그냥 스쳐 가도록 놓아두는 것이 더 현명합니다. 붙든다고 해서 붙들릴 인연이 아닌 까닭입니다.

그런데 좋은 인연을 맺느냐, 나쁜 인연을 맺느냐는 순전히 자신의 의지와 선택에 달려 있습니다. 따라서 기왕 맺을 인연이라면 좋고 나쁨을 따지지 말고 좋은 인연을 만들고자 부단히 노력해야 합니다.

인연을 맺으면서 경중(輕重)을 따지고, 손익 계산을 하다 보면 그 인연은 끝내는 어긋나고 맙니다. 이런 까닭에 좋은 인연을 위해서는 나 자신이 먼저 좋은 사람이 돼야 하고, 사심을 갖지 말아야 합니다.

오늘 만나는 한 사람, 한 사람에게 자신의 진솔한 마음을 가감 없이 전한다면, 결국 좋은 인연을 맺게 되고, 후회 없는 아름다운 인생을 만들어 갈 수 있을 것입니다.

벌초 길에

추석을 며칠 앞둔 어느 날, 아들을 앞세우고 선산으로 벌초를 갔습니다. 작년까지만 해도 내자(內者)와 둘이 가서 벌초를 했습니다. 그런데 이제는 아들이 장성하여 올해는 내자 대신 아들과 함께 선산 벌초를 간 것입니다.

선산의 웃대(上代) 조상 묘들은 집안 대·소가에서 나누어 벌초를 하고 내 몫은 할머님과 아버님 산소 두 기 뿐이지만, 벌초 때가 되면 늘 부담을 느낍니다. 그것도 1년에 겨우 한 번 하는 일인데…….

그래도 지금은 선산 가까이 살기 때문에 몇 년 전부터 제가 맡아 벌초를 해오고 있지만 서울에서 살 때는 대부분 친척들의 손에 의해서 벌초가 이루어졌습니다. 결국 그동안은 후손으로서 제 역할을 못 다한 셈입니다.

더위를 피해 집에서 아침 일찍 출발한 까닭에 과속 차량들이 질주할 국도를 피해 시골 샛길을 택해 가기로 하였습니다. 작년 이맘때도 샛길을 택해 갔었는데, 누가 심어 놓았는지 길 양편으로 흐드러지게 피어 있던 형형색색의 코스모스가 기억났기 때문입니다.

혹시나 하고 간 샛길에는 올해에도 어김없이 1㎞ 이상 우리를 환영이라도 하듯 코스모스가 흐드러지게 피어 있었습니다. 아들과 저는 잠시 도시의 복잡한 일상에서 벗어나 코스모스에 도취되었습니다. 가을은 이렇게 우리도 모르는 사이에 가까이 와 있었습니다.

코스모스 길을 벗어나 산소에 도착하여 아들과 벌초를 하면서 '지금은 내가 살아 있으니까 이렇게라도 벌초를 하지만 내가 죽은 후에는 어떻게 될 것인가'를 곰곰이 생각해 보았습니다.

아들과는 이미 엄청난 세대 차이를 느끼고 있고, 그들이 살아갈 세상은 하루가 다르게 변화하고 그들은 세계를 지구촌 삼아 국제화 시대에 살게 될 텐데 그들에게 지금처럼 매년 벌초를 기대한다는 자체가 사치는 아닐까 하고……. 제사마저 사이버 공간에서 지낼 수 있는 세상이 되었으니 더 무슨 말을 할 수 있겠습니까만…….

가끔 등산을 하는 도중, 잡풀이 무성히 자란 묘지들을 대할 때마다 남의 일 같지 않아 공허함을 느끼곤 하였습니다. 대부분 그런 묘지들은 무연고 묘지거나, 자손이 있다 하더라도 산소를 돌보지 않기 때문일 것입니다.

그러나 잘 단장된 산소들을 볼 때면 부럽기도 하지만, 돌아가신 후에 자손들이 산소를 잘 단장한다는 것은 돌아가신 분들보다는 살아 있는 자신들을 과시하고 싶은 욕망 때문이거나, 약점을 감추기 위한 속보이는 일 같기도 해 입맛이 씁쓸하기도 합니다. 그럼에도 불구하고 아들을 물끄러미 바라보면서 사후를 걱정하고 있는 것은 무슨 심보인지 모르겠습니다.

이제 우리의 장례 문화도 바뀌어야 하지 않을까 싶습니다. 국토에서 묘지가 차지하는 비율은 전 국토의 약 1%로 이는 주거 지역의 1/2, 그리고 공업 지역의 약 2배에 달하고 있습니다. 매년 약 9평방킬로미터(여의도 면적의 1.3배)씩 잠식되어 가고 있습니다. 가뜩이나 좁은 국토인데 매장 문화의 전통만을 고집한다면, 머잖아 전 국토가 무덤으로 변하지 않을까 우려스럽기까지 합니다.

산과 평야가 만나는 지역이면 어디에나 묘지가 있어 국토개발에 커다란 걸림돌 역할을 하기도 합니다. 묘지 1기가 도로의 개통을 방해하는 일은 다반사이고, 일부 계층의 호화 사치 분묘는 계층 간의 위화감마저 조성하고 있습니다.

후손들의 무관심과 관리 소홀로 황폐화한 묘, 떼가 벗겨진 묘, 동절기를 거치며 붕괴된 묘, 그리고 개인주의 만연과 집안 의식 및 친족, 이웃 간의 상호부조 의식 해이 등으로 전국의 무연고 묘는 총 묘기의 40%에 이른다고 하니 이래저래 사회의 또 다른 두통거리가 되고 있는 것 같습니다.

그러나 매장 문화의 전통이 워낙 뿌리가 깊어 한꺼번에 의식을 바꾸는 것은 쉽지 않을 것 같습니다. 저도 여러 차례 집안 대·소가를 모아 놓고 이 문제를 의논해 보았지만 집안 사이에 크고 작은 이해관계가 얽히고 설케 당위성은 인정하면서도 결론을 아직 내리지 못하고 있기 때문입니다.

그렇더라도 화장 납골묘로의 장묘 문화의 권장은 필요하다고 봅니다. 화장 납골 장묘는 깨끗하고 풍수해, 동절기, 자연 재해로부터 분묘 유실 염려가 없어 관리가 편리하기 때문입니다.

그리고 납골당 1기의 소요 비용은 6평 묘지 조성비용의 10~15%에 불과해 매우 경제적이고 보고 싶을 때 언제든지 찾을 수 있는 편리함과 후손들이 쉽게 찾을 수 있는 편안한 분위기로 사초와 벌초, 그리고 성묘의 부담이 없다는 특징이 있습니다.

저 역시 아들에게 화장과 납골당 안치를 미리 유언으로 남겨야 할 것 같습니다. 아니 어딘가에 뿌리도록 하고 싶습니다. 앞으로는 성묘할 시간도 없을 테니 말입니다.

벌초를 다 마치고 가지고 온 음식으로 아들과 함께 성묘를 하였습니다. 올해는 아들이 있어 그런대로 수월하게 벌초를 하였지만, 아들이 독립하게 되면 또 내자와 둘이 와야 된다고 생각하니 마음이 무거워졌습니다. 물론 벌초 대행 업소에 맡겨도 되겠지만, 후손된 도리가 아닌 것 같아 아직은 마음이 내키지 않습니다. 제 육신이 움직일 수 있을 때까지는 제 손으로 해야 될 것 같습니다.

벌초를 다 마치고 다시금 왔던 샛길로 뒤돌아 차를 몰았습니다. 그런데 벌초 갈 때 지나갔던 코스모스 길에 이르자 아들이 코스모스를 조금 꺾어 가자고 했습니다.

자연 보호에 위배되는 줄 빤히 알면서도 한 아름 코스모스를 꺾고 말았습니다. 그리고 집에 가져와 화병에 꽂으니 가을을 옮겨온 듯 집안 가득히 가을이 묻어났습니다.

힘든 하루였지만, 아들과 함께한 때문인지 그래도 기분은 상쾌했습니다.

국화 옆에서와 미당의 '친일'

배신자는 죄인의 기생충이다.

〈사르트르〉

한 송이의 국화꽃을 피우기 위해
봄부터 소쩍새는
그렇게 울었나 보다

한 송이의 국화꽃을 피우기 위해
천둥은 먹구름 속에서
또 그렇게 울었나 보다

그립고 아쉬움에 가슴 조이든
머언 먼 젊음의 뒤안길에서
인제는 돌아와 거울 앞에선
내 누님같이 생긴 꽃이여

노오란 네 꽃잎 피려고

간밤엔 무서리가 저리 내리고

내게는 잠도 오지 않았나 보다

미당(未堂) 서정주 시인의 '국화 옆에서'란 시입니다.

대한민국 국민치고 정상적으로 교육을 받은 사람 중 이 시를 모르는 사람은 아마 없을 것입니다. 교과서에 수록돼, 널리 애송된 미당의 대표적인 시 중에 하나이기 때문입니다.

미당은 2000년 12월 24일 타계하였지만, 때로는 우리나라를 대표하는 민족 시인으로, 때로는 시성(詩聖)으로까지 추앙받은 우리 문단의 대표적인 시인이기도 하였습니다.

이런 미당이 '살기 위해' 친일을 했다는 사실을 알았을 때 그 충격을 어떻게 표현해야 할지 그저 먹먹했습니다. 그동안 어리석게도 친일한 시인의 시를 사랑하고 암송하며 감격에 겨워했었다니…….

"살기 위해서는 일본의 앞잡이 노릇을 해도 괜찮고, 살기 위해서는 나라마저 팔아먹어도 괜찮다는 말인가!" "그렇다면 일제의 회유와 협박에도 굴하지 않고 절필을 선언한 만해 한용운 시인이나 이육사 시인의 경우는 무엇이란 말인가!"

그리고 미당이 친일을 하면서 부귀영화를 누리고 있을 때 우리의 독립투사들은 낯설고 물 설은 이국땅에서 일제의 총칼 앞에 무참히 쓰러져 갔습니다. 민초들은 민초들대로 일제의 온갖 억압과 핍박을 감내해야 했습니다.

미당의 친일 행각에 대해 가장 먼저 독설을 쏟은 사람은 48년 전 미당 서정주 시인의 추천으로 문단에 등단했던 시인 고은 씨였습니다. 그는 한 문예지에 미당의 친일 행적과 이승만 정권과의 유착, 전두환 신군부 찬양 행위 등, 정치적 '해바라기' 성향을 매섭게 꼬집었습니다. 또한 고은 씨는 미당의 대표 시나 다름없는 '자화상', '귀촉도'에 대해서도 **"회개 없이 자기 합리화가 능란하게 이루어졌거나 황당무계한 작품"**이라고 혹평까지 했습니다.

시인 김지하 역시 **"미당의 시는 아름답기는 하나 소름끼칠 정도로 눈물이 나고 가슴이 떨리는 감동은 없다."**면서 **"윤리적으로 친일, 친독재로 살았지만 시 하나는 끝내 준다는 식의 무책임한 소리를 해서는 안 된다"**고 맞장구를 쳤습니다.

미당은 1942년부터 해방될 때까지 무려 3년여 동안 '다츠시로 시즈오(達城靜雄)'라는 창씨 명으로 일본 제국주의를 찬양하고 징병을 부추기는 시와 수필, 그리고 소설을 헤아릴 수 없을 정도로 많이 썼습니다.

마쓰이 히데오!
그대는 오리의 오장(伍長) 우리의 자랑.
그대는 조선 경기도 개성 사람
인씨(印氏)의 둘째 아들 스물한 살 먹은 사내

마쓰이 히데오!
그대는 우리의 가미가제 특별공격대원
귀국대원

귀국대원의 푸른 영혼은
살아서 벌써 우리에게로 왔느니
우리 숨 쉬는 이 나라에의 하늘 위에
조용히 조용히 돌아왔느니

우리의 동포들이 밤과 낮으로
정성껏 만들어 보낸 비행기 한 채에
그대, 몸을 실어 날았다간 내리는 곳
소리 있이 벌이는 고흔 꽃처럼
오히려 기쁨 몸짓하며 내리는 곳

쪼각쪼각 부서지는 산더미 같은 미국 군함!

:

– 서정주의 [오장(伍長) 마쓰이 송가(頌歌)] 중에서 –

이 시는 미당이 1944년 12월 조선총독부 기관지인 '매일신보'
에 발표한 그의 대표적인 친일 시입니다. 이른바 '자살 특공대'로
알려진 가미가제를 숭고한 애국 행위로 한껏 찬양한 시입니다.

이런 미당은 해방 후 또 다른 변신을 통해 여러 정권의 나팔
수 노릇을 자청하면서 부귀영화를 누렸습니다.

· 1946년 청문협 시분과 회장 · 1948년 문교부 초대 예술과
장 · 1961년 시집 · 〈신라초〉로 5.16 문예상 수상 · 1966년 대
한민국예술원 회장 · 1977년 한국문인협회 회장 · 1984년 범
세계 한국인 예술가회의 회장 등을 거치면서 우리 문단의 거장
으로 행세해 온 것입니다.

특히 1980년대 초 광주민주화 운동을 총칼로 진압했던 전두
환 씨에게,

  "이 겨레의 영원한 찬양을 두고두고 받으소서
    님은 온갖 불의와 혼란의 어둠을 씻고
    참된 자유와 번영을 마련하셨나니…"

라는 생일 축시까지 상납하였습니다.

물론 학창 시절 가장 중요하게 암송할 시로서만 아니라 가장 아름다운 서정성을 지닌 시로서 '국화 옆에서'를 기억하는 사람들이라면, 미당의 친일 경력이 그다지 대수롭지 않을지도 모르겠습니다.

순수와 참여를 구분해 말하는 단세포적 평론가 입에서는 친일 경력과는 무관하게 그의 천재성과 성정성만을 찬양할지도 모르겠습니다.

그러나 미당은 생전에 자신의 친일 행위에 대해 마음으로부터의 진정한 사죄나 반성 없이 세상을 떠났습니다. 친일의 수단에서 권력에의 아첨으로, 이제 역사 앞에 면죄부가 될 수 있는 것이 예술 작품이라면 참으로 비극이라고 할 수밖에 없습니다.

어찌됐든 반 민족적 친일 행위가 예술 행위와 구분되든, 그렇지 않든 상관없이 용서될 수 없는 것이 아닐까 싶습니다. 미당의 경우는 더더욱……

그런데 2001년 중앙일보는 미당 문학상을 제정해 매년 시상하고 있고, 또 이 상을 당당히 수상하는 시인들도 있으니……, 공룡 언론 기관이 '친일 홍보상'까지 만들어 친일 행위를 정당화하고 있는 것 같아, 더 이상 할 말이 없습니다.

교수의 새해 반성문

자기를 잘 파악한 사람이 진정한 자신을 발견한 사람이다.

〈알랭〉

묵은해를 보내고 새해, 새 아침이 밝아 오면 사람들은 너나 할 것 없이 막연한 기대와 희망 속에 나름대로의 각오를 새롭게 하고 건강과 안녕을 기원합니다. 이와 같은 행태는 아마도 과학이 무한 속도로 발달하고 문화가, 세계가 하루가 다르게 변화되고 있는 상황에서 제 나름대로 살아남기 위한 고육책일 것입니다.

IMF를 극복했다고 호들갑을 떨던 때가 엊그제 같은데, 다시 경제는 바닥으로 곤두박질치며 서민들을 곤궁하게 하고 있고, 국민의 뜻을 헌신짝처럼 던져 버리고 배신한 정치권은 여야 할 것 없이 지금 '4류 정치 코미디'연출에 밤낮을 지새우고 있습니다.

그렇다면 이 시대, 이 사회의 마지막 양심과 정의의 보루라고 자부하고 있는 대학 사회, 교수 집단의 현주소는 어떨까 생각해 봅니다. 다른 곳은 구조조정으로 실직자가 되고 노숙자가 되는 등 심한 몸살을 앓고 있는데…….

- 얄팍한 지식 팔아먹고 학생들로부터 등록금 받아 월급이나 챙기는 그저 그런 지식 장사치는 아닐까.
- 교수 자리를 돈으로 사고팔고 부정도 서슴지 않으면서 몰염치하게 학생들 앞에 서서 더욱 열심히 도덕을, 정의를 외쳐대고 있는 것은 아닐까.
- 연구는 제쳐 두고 한자리해 보겠다고 정치권 주위를 기웃거리고, 대학 본부 주위를 맴돌며 기회만 노리는 기회주의자는 아닐까.
- 능력도 없으면서 온갖 아부와 군모술수로 주요 보직을 차지하고 앉아, 동료 교수들 위에 군림하며 거드름을 피우고 있는 것은 아닐까.
- 각종 방송사와 언론 기관을 돌며 말도 안 되는 궤변으로 국민들을 현혹하고 우롱하고 있는 것은 아닐까.
- 교수라는 탈을 쓰고 거들먹거리며 학점을 무기삼아 학생들을 겁주고 희롱하고 있는 것은 아닐까.
- 철 밥그릇을 지키기 위해 갖은 수단과 방법을 동원, 직계

제자나 후배를 교수로 뽑는 데 앞장서고 있는 것은 아닐까.

- 석 · 박사 지도한답시고 향응을 요구하고, 그것도 부족해 돈 받고 석 · 박사 학위를 팔아먹고 있는 장사치는 아닐까.

- 연주회, 전시회 표를 학생들에게 강매하여 연구 실적을 쌓고, 학생들 주머니 털어 연구실을 치장하고 있는 것은 아닐까.

- 프로젝트 수주를 위해 있는 줄 없는 줄 다 동원해 연구비를 따오고, 그것을 대단한 능력인 것처럼 착각하고 있는 것은 아닐까.

- 자기 조직 속에서는 철저히 트러블 메이커 역할을 하면서도 힘 있는 제3자 앞에서는 죽은 시늉도 서슴지 않는 카멜레온은 아닐까.

- 때로는 정부의 꼭두각시로, 때로는 비리 재단의 앞잡이 노릇도 하면서 이권이 있는 곳이라면 똥파리처럼 날아들어 챙기는 것은 아닐까.

- 학연, 지연 등으로 끼리끼리 패거리를 짓고, 패거리가 아닌 이들을 '왕따' 시키면서 희희낙락하고 있는 것은 아닐까.

- 다른 사람 논문 베끼고 표절하여 제 논문인 양 포장해, 연구 실적 쌓고 거들먹거리고 있는 것은 아닐까.

"대학이 살아야 나라가 산다"고 흔히들 말하지만 과연 지난날 우리나라 대학 교수 집단은 그 위상에 걸맞게 제 역할과 소임을 다해 왔는지 자문자답을 해 보지만, 시원한 해답은 없습니다. 지성인임을 자처하고 사회로부터 지도층으로 인식되어 왔음에도 불구하고 실제로는 여느 집단이나 단체와 별반 다르지 않게 처신하고, 또 그렇게 살고 있기 때문입니다.

말로는 앵무새처럼 '변화'를 외치면서도 그 어느 집단보다 더 보수 지향적이고 이기적인 집단이 바로 대학 사회요, 교수 집단입니다. 타인에게는 철저히 변화를 요구하면서도 정작 자신은 변화를 거부합니다. 이는 '내로남불', "불륜도 내가 하면 로맨스요, 남이 하면 스캔들"이란 논리와 크게 다르지 않습니다.

그러나 이와 같은 사고와 논리로 새로운 시대, 새로운 21세기를 설계할 수는 없습니다. 그래서 지금 교수 사회에 대해 뼈를 깎는 자성과 성찰을 절실하게 요구하고 있는지도 모릅니다.

우리 속담에 **"복철(覆轍)을 밟지 말라"**라는 말이 있습니다.

이는 앞서 한 사람의 잘못을 보고 그것을 거울삼아 그와 같은 실패를 하지 않도록 조심하라는 의미입니다.

지금 우리의 교수 집단은 과거의 구태의연한 관행이나 사고로부터 과감히 탈피해 다시 원점에서 새롭게 봐야 한다는 제로베이스사고(zerobase thinking)가 절실히 필요한 시점에 서 있습니다.

과거의 전철을 아무 의식 없이 되풀이하면서, 그리고 그럴듯한 미사여구로 자신들을 포장하면서 살아남을 길은 이제는 없습니다. 결국 교수 집단도 거듭나야 합니다. 변해야 합니다. 스스로 철저히 구조 조정을 해야 합니다.

남 탓하고 나무라기 전에, 제 자신부터 그리해야 하겠습니다.

그래도 괜찮은 삶

지나치지 않고 알맞게 행동하면 후회하는 일이 없다.

〈제퍼슨〉

퇴근길 어느 집 담장 너머로 흐드러지게 핀 하얀 목련을 보면서 봄인가 싶었습니다. 목련은 무엇이 그리도 급해 이파리도 없이 봄의 전령사임을 자처하며 꽃망울부터 먼저 터뜨린 것인지……. 그리고 목련이 시들 때 쯤, 벚꽃과 개나리가 활짝 핀 봄 한가운데에 제 자신이 서 있음을 보았습니다. 결국 봄은 지난겨울의 두꺼운 옷을 벗어 던지고 소리도 없이 찾아와 제 곁에 둥지를 튼 것입니다.

작년 연말, 조금은 들뜬 기분으로 몇몇 교수들과 묵은해에 대한 아쉬움과 새로 다가오는 천년에 대한 기대를 한 잔 술에 녹여 마시고 있었습니다. 그 가운데 김 교수도 함께 있었습니다.

김 교수는 행정학을 전공한 까닭에 입담이 좋은 편이었습니다. 우리들은 김 교수로부터 자질구레한 정치 이야기에서부터

학교 이야기들을 들으며, 때로는 흥분하고 때로는 동의하면서 희희낙락했습니다. 그리고 꽤 늦은 시간까지 술을 마시고, 새 천년에는 더욱 건강히 열심히 살자고 약속을 하고 헤어졌습니다.

그런지 2개월 후, 저는 김 교수가 이미 이 세상 사람이 아님을 알았습니다. 김 교수는 지병인 심장마비로 집에서 갑자기 쓰러져 며칠 혼수상태에 있다가 끝내 소생하지 못한 것입니다. 그런 사실을 뒤늦게 알았을 때의 황당함이란……

무슨 연유에서인지 연락이 되지 않아 김 교수가 마지막 가는 길에 문상조차 하지 못했습니다. 하느님은 유능한 사람을 먼저 데려 가신다고 하더니 정말 그러신 모양입니다. 한창 일할 나이에 김 교수를 사랑하는 가족들과 동료들로부터 빼앗아 간 것을 보면…….

김 교수의 죽음 앞에서 제 자신, 며칠 동안 우울했습니다.

"산다는 의미가 과연 무엇일까. 100살도 못 사는 오직 한 번뿐인 인생인데, 그동안 나는 마치 수천 년이나 살 수 있는 것처럼 착각 속에 살아 온 것은 아닐까.", 삶과 죽음은 종이 한 장 차이인데, 늘 그 사실을 망각한 채 허우적거리며 살고 있는 제 자신이 가엾고 한심스럽기까지 했습니다.

이제 살아온 날보다 살날이 짧은 지금까지 숨 가쁘게 앞만 보고 달려온 저였습니다. 마치 그것이 인간으로서 추구하는 성공의 지름길인 양 착각하면서 -가족을 희생시키고 주위 사람들을, 심지어는 나 자신까지도 피곤하게 하면서- 젊은 날부터 늘 후회 없는 삶을 살아야 한다고 스스로 다짐하고 다그쳐 왔는데 후회란 올가미 속에서 저 역시 자유롭지 않았음을 느낍니다.

말콤 머저리(Malcolm Muggeridge)는 『20세기의 고백』이라는 저서에서 다음과 같이 썼습니다.

"요즈음 내가 때때로 나의 삶을 돌이켜 볼 때 나를 가장 감명 깊게 하는 것은 당시에는 가장 의미 있고 매력적으로 보였던 것들이 이제 와서는 가장 헛되고 모순된 것으로 보인다는 것이다. 여러 가지 모습을 가진 성공, 남에게 알려지고 칭찬받는 것 등이 바로 그것이다. 또 축재한다든지, 여자를 유혹하는 것, 사탄처럼 이 세상을 이리저리 여행하고 다닌 것, 나아가 『베니티페어』(허영의 도시. 상류층을 위한 잡지 이름)가 제공하는 것이란 무엇이든 경험해 보는 것 등과 같은 외적인 향락도 우스꽝스럽게 생각된다. 돌이켜 보면 자기만족을 위해 행한 모든 것들이 순전히 환상이었다. 이를 파스칼은 '지구를 혀로 핥는 것'이라고 비유하였다."

지난날의 제 삶 자체가 말콤 머저리가 말한 것과 같은 삶은 아니었는지 모르겠습니다.

문득 대학생이었을 때 어느 찻집에서의 일이 생각납니다. 가난에 찌든 남루한 할아버지 한 분이 들어오시더니 500원을 주면 손금을 봐주시겠다고 했습니다. 그래서 적선하는 셈치고 500원을 주고 재미삼아 손금을 보았습니다.

그때 그 할아버지는 내 손금을 보시더니 예언하시듯 76세까지는 건강히 살겠다고 서슴없이 말씀하셨습니다. 그 할아버지 말씀이 맞든 맞지 않든, 지금 이 시점에서는 살아온 날보다는 앞으로 살날이 짧은 것만은 사실입니다.

지금부터라도 더 이상 무의미하고 후회스런 삶은 살지 않기 위해 제 삶의 전부를 원점에서 뒤집어 보는 노력이 필요한 시점이 아닌가 싶습니다. 시한부 인생을 사는 것처럼 늘 긴장하면서……

그리고 봄이 깊어 가면 또 여름, 그리고 가을, 겨울이 오듯이, 그리고 김 교수가 소리도 없이 제 곁을 떠나갔듯이, 저 역시 머잖은 날, 제 장례식장에 모인 조문객들이 '그래도 괜찮은 사람'이었다고 진심으로 애도해 주길 바라면서, 찬란한 봄의 의미를, 삶의 의미를 되새기고 싶습니다.

인생의 여정은 늘 아프지만, 그래도 괜찮은 삶이었다고 지난 날을 반추하며, 얼마 남지 않은 길을 쉬엄쉬엄 가 보렵니다. 또 다른 미지의 세계를 기대하며…….